你是对的，我错了

相亲相爱的健康伴侣关系并不是偶然发生的

You're right, I'm wrong

Because a healthy partnership full of love does not come by chance

你是不是不知道如何才能让你的伴侣开心，或者想知道他们心中的真实想法是什么？你不知道为什么他们会为一些小事如此生气。所以你会认为：既然我永 不可能让伴侣感到开心，那么为什么还要尝试去取悦他们呢？

这里有一个小测试：你若是惹伴侣生气了，对方进了卧室并锁上门。你该怎么办呢？

A.不敲门，冷暴力处理。

B.敲门道歉。

如果你选择了A，请继续看下去吧。

如果你选择B，敲门道歉。即使你没有错！既然你确信自己是对的，为什么还要道歉呢？答案很简单：你在为与伴侣的想法不一致而道歉。不道歉，你将一个人在房间里痛苦；道歉，你就能与对方重新开始交谈，互相体谅，建立健康快乐的伴侣关系并过上幸福的生活。这本书讲的就是如何创造快乐幸福的生活。

在书中挖掘你对幸福的四个需求，同时了解你的伴侣对幸福的四大需求。通过四种错误的关系处理，伴侣经历的四个阶段，以及你从未学过的四门课程来了解关系是如何逐渐变质的。清晨醒来，请准备好16个日常工具来修复对健康关系至关重要的四大支柱。

通过这本书中对亲密关系的洞察和建议，单身人士面对新的人际关系可以更加得心应手的让朋友开心。现在是时候抛开关系中的绊脚石。无论你是想改善目前的关系还是想要重新开始一段关系，这本书都可帮助你修正处理关系的方式。

你是对的，我错了

这本书讲的就是拥有一段完满的伴侣关系。这需要一种独特的方式来处理你们的关系。第一部分是帮助你了解你们的伴侣关系是如何变得如此糟糕。退后一步审视你们的关系。本书的目的是帮助你了解自己是如何在不知不觉中制造问题的，这样你就可以更好地解决问题。

第二部分是帮助你理解伴侣关系变得糟糕的原因，你可以找到到底是什么让伴侣关系断裂。你会开始以一种新的方式看待你的行为，让你明白它们是如何影响你的伴侣的。一旦你明白了如何以及为什么你们的伙伴关系变得糟糕，你就已经成功了一半。

第三部分是最重要的关系重建。使用循序渐进的方法来修复你们的伴侣关系，并提供了16种工具来辅助。读这本书的时候，你会明白在你们的伙伴关系中需要修复的是什么，更重要的是，哪些工具可以修复它。

读完这本书后，我强烈建议你下载工作簿。你会得到另外16个工具，外加一个复 工具包的奖励章节。这是高级班的内容。

这本书经过精心编写，适用于所有性别和伴侣。除了图像之外，这本书并不针对任何性别。当你读这本书的时候，你会看到你在书中扮演的角色。你会了解到影响你的伴侣关系的日常问题，这些问题你甚至都不知道是问题。在这本书的后面，你会看到这一切是如何联系在一起的，更重要的是，为了建立健康的伴侣关系，每个伴侣是如何相互依赖的。

出版商：加利福尼亚州洛杉矶《艺术与生活》

www.artandliving.com

网址

URL
在美国印刷

奉献和感激

首先，感谢我的一生挚爱，在我完成这一本书的过程中，她是我坚强的后盾。

致我的朋友们：吉姆·费里斯，约翰·帕蒂森，利昂·约翰尼·哈里斯，罗恩·伯克哈特， 克尔·托德，我想感谢你们能与我分享你们的故事和经历。

感谢为这本书提供观点的伟大的家人和朋友–谢谢！乔安妮·费尔、凯西·费舍尔、雷恩·哈格斯特罗姆、亚伦·亚内洛、唐娜·麦肯心理学博士、大卫·费弗、艾琳·奈。

目录

关于作者

Jeff Marinelli
杰夫·马里内利

杰夫·马里内利(Jeff　Marinelli)是一位对生活的心怀希望的作家、出版商、慈善家和企业家，也致力于帮助人们建立更良好的伴侣关系。首先他自述自己并不是心理学家，仅是从个人和专业环境的丰富经验中受益匪浅，所以想分享他的见解。作为《艺术与生活》志的创始人和出版人，杰夫自2005年以来就将观众和有着丰富生活经验的创作者联系在一起。杰夫作为艺术和生活慈善基金会的创始人，通过引人入胜的体验活动，拉近学生与艺术的距离。作为首席执行官的伴侣，杰夫历经了公司生活的巨大压力，他知道伴侣关系要经历哪些考验，同时也知道如何让伴侣关系变得更强大。

关于艺术家

Gonzalo Duran

贡萨洛·杜兰（Gonzalo Duran）是一位洛杉矶艺术家，拥有大批国际粉丝。他出生于墨西哥，小时候移民到美国，在东洛杉矶长大，然后进入奥蒂斯艺术与设计学院和乔伊纳德艺术学校学习。他被称为北美和中美洲地区的的马克·夏加尔(Marc Chagall)。他才华横溢，其用色创新且大胆，与他无限的想象力相得益彰。他和他的妻子、艺术家切丽·潘(Cheri Pann)在加州威尼斯的家中经营着马赛克之家。

贡萨洛堪称是最符合这本书的艺术家，因为他的生活就是这本书中描述的生活。他知道，如果他的伴侣快乐，那么他也会快乐。贡萨洛通过他的艺术作品讲述这本书的视觉故事，他的作品是送给读者最好的礼物。

关系是如何变坏的

第1部分：
你们的伴侣关系如何以及为什么会变得不健康

让我们更真实

第1章：事实

伴侣没有义务让你快乐，快乐需要自给自足。

你是个很棒的伴侣吧？你当然是了。那你为什么需要这本书？

老实说吧。你是否尽你所能成为一名优秀的伴侣？或者你是不是不知道如何让你的伴侣开心，他们在想什么，或者为什么他们对你认为是小事的事情这么生气？你开启这段恋情时，所预想的童话般甜蜜的生活，现在是不是变成了一份困难、复 、没完没了又吃力不讨好的工作？

实际上，大多数人在建立伴侣关系时，都不太清楚是什么让我们的伴侣感到快乐。我们只是想，如果我们努力提供美好的生活，伴侣怎么会不快乐呢？但有时你感觉伴侣是永 都不会满意的。

归根结底，大多数人在一起只想快乐。他们希望相信爱和情谊。他们想要一边努力工作，一边有时间享受乐趣。

这本书用精炼的话语分析如何和伴侣过上美好的生活。旨在带你追忆并再次成为你的伴侣爱上的那个人，这样你的伴侣就可以重新体验坠入爱河的感觉。

要做到这一点，你必须首先了解是什么让一段关系运转起来。这本书将带你安全地穿过雷区，这样你就可以拥有一个全方面都健康的伴侣关系：紧密联系，诚实有趣的分享，当然，还有满满的爱。

这本书将帮助你成为值得拥有满足你需求的伴侣的人，并让你更容易满足他们的需求。如果你和你的伴侣失去了相互满足需求的情感联系，那么你需要这本书。如果你的伴侣关系有裂痕或是有待提高，那么你需要这本书。

和你的伴侣在一起的每一天都会遇到不同的情况。关键是如何处理他们。伴侣关系在正常的日子里进展顺利，但如果是非正常的日子，或者出现意想不到的问题怎么办？

我们将探索让伴侣精力充沛的关键因素，这样你就可以认识到一段亲密关系中的陷阱和问题。当遇到时，用关心和爱来回应，而不是倍感压力。这本书将指导你做出正确的选择来解决问题，并与你的伴侣进行有效的沟通。这很复 ，但也不是不可能。我会告诉你怎么做以及背后的原因。

我经常听到情侣们说，"哦，我们偶尔会吵架，但哪对情侣不会呢？这本书对我有什么帮助？"。潜心研读，你就会明白。

没有爱的生活就不叫生活

记得练习行之有效的方法

我不是心理学家。我只是一个通过多年的实际生活经验学会了如何建立牢固伴侣关系的人。我已经给了朋友分享了这个简单的建议，他们都觉得很有用。现在，我将与你分享。

这本书不是一本自省式理论性著作，而是一本易懂的实用型书籍，里面有取自现实生活的日常例子。这是一条任何人都可以走上正轨的恋情之路。这本书中提到的许多经验将提醒你那些已知的道理，但忘记了付诸实践。或者唤醒你内心中因为这样或那样的原因，已然失去的东西。

人类学家Loren Eiseley曾讲过这么一个故事，你可能也听过。可以完美类比我写这本书的原因：

在大风暴过后的一个清晨，一位老人沿着海岸散步，广阔的海滩上散落着海星，海岸线绵延着，一望无际。老人注意到在 处有一个小男孩。小男孩沿着海滩走近，一路上他不时地停下来，弯下腰捡起东西扔进海里。当男孩走近时，老人叫住他："早上好！你在做什么呀？"

小男孩抬起头回答说："把海星扔进海里。潮水把他们冲上了海滩，它们不能自己回到海里。太阳升起来的时候，它们会死的，除非我把它们扔回水里。"

老人回答说："但是这个海滩上有成千上万的海星。你这也没多大意义。"

男孩弯下腰，捡起另一只海星，用力把它扔进海里。然后他转过身，微笑着说："但对于我刚捡起的那颗海星而言，就很有意义！"

你有这样的能力

首先，你有先开始修复关系的能力。是的，一段感情需要两个人，但一个人积极行为的力量可以让一切变得不同。把感情问题归咎于另一个人太容易了。明明自己有能力去改变，只是自己没有意识到，所以作壁上观等着事情自己有所转变，是不可取的。

首先要相信，你是这段关系中的基石。在我自己的生活中，我遵循这句名言："妻子幸福，我的生活就幸福。"我的妻子一直担任首席执行官，是一个非常能干的女性。无论是在工作中还是在家里，她有着精准的需求期望。我已经学会并掌握了如何确保她的需求优先得到满足。然后，也只有到那时，我才能专注于我的工作、爱好和这本书，而不必担心我们之间的关系。可以说我生活中的工作就是确保我的妻子不会有压力，当然这只是一句玩笑话。但我向你保证，当她没有压力的时候，我也不会有压力。

当你阅读这本书时，请保持开放的心态。把重点放在与你相关的事情上，并付诸实践。你会看到你的伴侣关系变得更好。

这本书不只是给有固定关系的人看的。也可以帮助单身人士在面对新的人际关系可以更加得心应手的让朋友开心。现在是时候抛开关系中的绊脚石。无论你是想改善目前的关系还是想要重新开始一段关系，这本书都可帮助你修正处理关系的方式。你值得和你的伴侣一起过上最好的生活。

第二章：你犯的四个错误会让你的伴侣不快乐

伴侣关系不是一夜之间就破裂的。而是在我们不经意间，被一点点消耗掉的。我发现了人们经常会犯的四个错误，虽然它们不是什么大事。但随着时间的推移，可能会累积，最终破坏一段伴侣关系。

下面是4个错误的概述：

1.忽视你的伴侣

这种情况比大多数人意识到或愿意承认的要频繁得多。忽视你的伴侣一开始都只是细微的细节，直到它变得危险，轻易忘记了你的伴侣需要你的陪伴、沟通、亲密和爱。

具体是什么样子呢？你白天和周末都在工作，而你的伴侣说："我们出去吃晚饭吧。"你说你累了，只想放松一下。然后你的朋友打来电话，说有两张比赛门票。你告诉你的伴侣你需要放松，所以你要去看比赛。这是忽视了你的伴侣想和你在一起的需求。

2.理所当然的态度

你觉得你有权享受特殊待遇或免除某些责任吗？你可以不受规则的约束吗？在某些领域，理所当然的态度可能是一种竞争优势，但它可能会扼 你与伴侣之间的牢固纽带。

具体是什么样子呢？你的伴侣负责购买日用品，做晚餐，洗碗，然后让你倒垃圾。但是你忘了。你还有其他事情要做。你很忙(看电视、跑步、和朋友聊天、查看社交媒体订阅)。就不能让别人来做吗？这就是理所当然的态度。你能明白为什么这是一个严肃的问题吗？

3.说一套做一套

设定期望，然后落空，只会让你的伴侣感到沮丧和被遗忘。这是一种欺骗自我欺骗，你是否真正愿意做或这段关系你是否上心。如果你一直不可靠，你的伴侣为什么要相信你说的话呢？

具体是什么样子呢？你说，"我一小时后回家"，然后三小时后才出现。不管这个借口(我们知道你肯定会说一个)是合理的还是蹩脚的，你仍然是设定了一个期望，然后打破了它。或者你说，"这个周末我要粉刷孩子们的房间。"六个月后，油漆罐还在车库里。这不是伴侣关系；你变成了一个糟糕的室友。

4.谎言和秘密

善意的谎言和小秘密是健康关系的毒药。为什么对于你的伴侣而言这些如此重要？因为你的伴侣信任你。他们应该是你唯一需要完全坦诚并分享一切的人。谎言和秘密是一件大事，因为它种下了猜疑和恐惧的种子。你还隐瞒了多少谎言或秘密？它们是不是堆积如山，最终导致危机？这种担忧的核心是伴侣害怕他们爱的人变成他们不认识的样子。

具体是什么样子呢？你的亲戚不断向你要钱，而你和你的伴侣都认为你负担不起。然后有一天你又接到那个亲戚的电话。钱不多，也没什么大不了的，然后你屈服了，但你不能告诉你的伴侣。几个星期后，你的伴侣发现了这件事，他们就生气了。

现在，让我们来探讨这四个错误的复　性和影响力，以及它们是如何影响你们的伴侣关系的。这是伴侣关系质量的过山车，你会明白为什么这些错误会导致如此剧烈的关系恶化。

错误1：忽视你的伴侣

当伴侣感到被忽视时，他们的需求就没有得到满足。如果你的伴侣总是感到被欣赏和需要，那不是很棒吗？我所说的"被需要"不是生活上的照顾，而是你对他的支持。让你的伴侣知道你对他们很着迷，感受到你对其强烈的需求感。如果你的伴侣觉得你的生活是围绕着他们转的，他永　不会觉得被忽视。换句话说，你的伴侣感受到了被你所爱以及感激，而你表现出了你对他们的关心和支持。

日常生活中出现的问题太多了：家人、朋友、孩子、健康、爱好、运动、工作中的人际交往……。如果只让一方来管理这些活动，那么所花费的大量时间和注意力可能会让另一个伴侣感到被忽视。但别搞错了：忽视来自于你所做的选择，无论你多承担的责任的多少。最终的结果是你倾注在伴侣身上时间和注意力无法平衡。然后，你会觉得自己的时间比处理伴侣关心的事情更重要。他们不理解你的轻重缓急。你也不了解他们的。你再听听自己都说了些什么："这有什么大不了的？为什么他们不能直接处理呢？"，正是这种态度为忽视奠定了基调。

请记住：忽视可能会在一段关系中悄悄出现，但它来自于你每天所做的选择。如果你做出了这些选择，那么该重新考虑一下了。

忽视是怎么样的呢？

当遇到家庭问题时，你会站在你的家人一边还是站在伴侣这一边？到了节假日时，你会强迫你的伴侣做他们不想做的事情，以便满足你的家人？你是否经常和你的伴侣在家庭问题上争执不下，认为你的伴侣让事情变得更难了？你和家人在一起的时间比和伴侣在一起的时间多吗？如果你这样做了，这就是对伴侣的忽视。

那朋友呢？你会与朋友分享更多关于你伴侣的信息吗？你的朋友是不是过多，以致你的伴侣有所怨言？你的朋友会占用你跟伴侣在一起的时间吗？你的伴侣会指责你花太多时间和朋友在一起吗？如果上述任何一种情况属实，这就是对伴侣的忽视。

当谈到爱好、电子游戏、梦幻足球和体育运动时，你会不会告诉你的伴侣，"我只是需要多一点时间"？如果你的伴侣也热衷于这些活动，那就太好了，但如果你的伴侣不热衷于这些活动呢？你所有的空闲时间都和这些活动有关吗？周日早上，你会给你的伴侣买咖啡或是早餐吗？还是坐在电视机前看你最喜欢的体育频道？你知道你最喜欢的球队的所有数据，但是否会忘记你伴侣的生日或你们的周年纪念日？这就是对伴侣的忽视。

如果你有孩子，你会承担起你的那一份抚养职责吗？我们总是能看到把孩子送到学校都是同一个人。你可能会想，在这个时代，抚养职责应是两个人平分的，但事实上并不是这样！你是否参加孩子的课后活动，比如带他们去做音乐练习、足球比赛、游泳比赛并一起完成家庭作业？你对这些活动的重要性是如何排名的？你会出席还是全把任务推到伴侣身上？如果你理所应该地认为这是你伴侣的责任，那就是对伴侣的忽视。

当你的伴侣遇到问题时，你会停下手上的工作听他们倾诉吗？这需要你从繁忙的日程安排中抽出时间，为你的伴侣搁置所有事情。你是否认为除非他们的事情很重要，否则这是在浪费你的时间？如果这就是你的感受，那么就是对伴侣的忽视。

说到工作，你是不是工作太多了？在工作和家庭生活之间你是否划清了界限？你有没有因为工作原因拒绝过你伴侣的生日晚餐？这就是对伴侣的忽视。

当你和你的伴侣在家的时候，你精疲力竭的状态，还是精力充沛的状态？你是否觉得周末是你放松的休息时间，你不应该被打扰？问问自己，陪伴在你伴侣身边的你是否是"完整"的你。如果是这样的话，你的伴侣会感到被忽视。

你有没有上瘾或抑郁之类的问题，或者你有过创伤？你有好日子，也有坏日子，再加上一周忙碌的工作时间和花在业余爱好或运动上的时间，你就没有多少时间留给你的伴侣了。如果你有如此多的需求，你最终会忽视你伴侣的需求。

你有没有发现你的伴侣总是在生气？也许你的伴侣不想像以前那样在繁忙的日程中与你亲密。你是否觉得自己受到了对方的"惩罚"，却不知道为什么？如果情况是这样，你的伴侣可能是感到被你忽视。

如此忙碌，以至于最终很容易忽视了你的伴侣，而你甚至都没有意识到这一点。如果你注意了，你就会清楚地看到你的伴侣感到被忽视的迹象。你是否听到过伴侣说，"请不要把手机带到桌子上"或"不要把笔记本电脑带到床上"或"该睡觉了－－请关掉电视"或"今晚请早点回家，今天是我们的周年纪念日？你很难关注到这样的话，总是分心忙于其他事情。过了一段时间，你的伴侣就不再问了。

其实大多数伴侣都是理性的，他们给你的自由度比你认识到的更大。但坦率地说，大多数时候，你都太忙了，不知道自己犯了多少错，忽视了伴侣的需求，然后又找借口。

你有没有想过为什么你的伴侣总是那么生气？那是因为他们受够了你的忽视。

只有当他们与你大吵大闹，你才会为你的伴侣放慢脚步，投入一些关心。一旦危机过去，你又会重蹈覆辙。那么，你是什么样的伴侣呢？你满足你伴侣的情感需求了吗？你是不是下班回家，躺在沙发上，打开电视然后神游呢？这种情况很频繁吗？或者你会回家帮助带小孩，做晚饭或洗碗吗？

你的伴侣需要确认你对其浓烈的爱与关心，这是很自然的。这是人类的本性。你的伴侣把一生都押在你身上。你就是他\她的选择。那么，你对你的伴侣的照顾方式是否表明他\她做出了正确的选择呢？

如果这些错误已经持续了很长一段时间，那么它们已经引发了关系降温的一个或全部四个阶段。你将在下一章中了解这些阶段。这些阶段可能会让你的伴侣从你初次遇见的那个变成一个不再想成为你伴侣的人。你越是忽视你的伴侣，他们就越会为了保护自己的情绪而改变。这就是为什么我说你是问题的根源。看清事实，是时候作出改变，拨乱反正，否则有一天你可能会醒来，甚至认不出你称之为伴侣的人。

采取行动：不要做隐形人

怎样才能扭转被忽视的局面呢？从小事做起，每天都做。

从给你的伴侣送咖啡开始新的一天吧。当你的伴侣回家时，用一杯酒在门口迎接他们，或者更好的是，准备好晚餐，让他们的一天过得更好。你知道为什么人们喜欢狗吗？因为当你回到家时，他们通常会摇着尾巴向你打招呼，很高兴看到你亲吻你。你明白我的意思吗？当你在家的时候，这样做吧！

没有电脑，没有电话，也没有短信。告诉你的伴侣你对其频繁的想念。与他们共度美好时光，帮他们洗碗，列一张假日家务清单，与孩子们一起完成家庭作业，一起看看电视。这意味着交出遥控器来看他们想看的节目。静下心来，进行一对一的谈话。让他们谈谈他们的一天过得怎么样，每天仅需要10分钟。

10分钟谈话工具可以帮助你的伴侣感受到爱、踏实感和情感的联结，获取工具请访问
http://你是对的我是错的.cn

解决方案：平衡的伴侣关系

在你的生活中，双方承担共同的责任，并享有相互支持的特权。许多人在商业中学习了团队合作，这些技能也可以在家里应用。

在一段相爱的关系中，支持代表着你需要承受伴侣生活中的情感负担，同时处理你自己的压力。美好的是，当爱、感情和理解相互回报时，一段关系就会成功。对话带来的是联系。作为回报，你的伴侣保持理智，与你建立更有意义的纽带，并努力满足你的需求。当你做出努力时，你的伴侣会确信你对他们的支持。这是一种合作关系。这关乎给予和索取，而不仅是单向索取。分担伴侣的压力和庆祝活动会提升亲密度。你会更接近过上平衡的生活。如果这意味着你因为日程安排而不能玩乐，或者你必须在早上7点跑出去给孩子们买牛奶，或是因伴侣需要你而不得不提前下班，那就这样去做吧。我们的目标是建立平衡的伴侣关系。

错误2：理所当然的态度

平等的定义是平等的状态，特别是在地位、权利和机会方面。如果你赚的钱比你的伴侣多，你认为这会让你得到比你给他们更好的待遇吗？你认为你比你的伴侣工作更努力还是需要更多的休息？他们是不是必须回家做另一份照顾你的"全职工作"？

如果你的伴侣对你所热爱和努力的所有事情都很上心，而你没有这样做，你认为伴侣的付出是理所当然的。是谁给了你忽视伴侣的自由通行证呢？

争吵是你们伴侣关系中的常态，发生的事情是否超出了你们任何一个人的承受能力？如果是这样的话，你需要深入挖掘争吵的内容。是因为花了太多钱吗？还是你从来不在家？或者你从来没有帮忙？事实上，你不仅需要关注你的工作日程，也需要关注你伴侣的工作日程。如果你的伴侣工作了很长一周，你需要更多地参与家庭活动。如果你的工作时间更长，你的伴侣也需要这样做。如果你的伴侣这一周很忙，回家后还做大部分家务或活动，这是不公平的。这理所应当的态度是一个问题，需要停止。

假设你是家里养家糊口的人。这是很好的事情。真正的问题是，你尊重你的伴侣吗？你认为所有的重大决策都是由你做的，还是由你和伴侣一起做的？如果你做了所有的决定，这里面的平等在哪里？这怎么可能公平呢？你认为自己应该做出所有重要的决定，这样的想法哪怕只是一分钟，你的伴侣也会心有不甘。

如果你就是这样并且认为你的伴侣可以接受，那么我告诉你，你在自欺欺人。所有伴侣都需要被倾听和尊重。这不是关于你有多强大或者你赚了多少钱。他们根本不在乎。在家里，你只是个伴侣。他们了解真实的你。做好这件事，并确保你们有平等的伴侣关系。

如果你的伴侣和你一样努力工作，但你仍然想要他们服侍你，平等的伴侣关系在哪里？这听起来像是一笔糟糕的交易。

你可能需要思考很多事情，可能是工作、周末计划、足球、高尔夫球或家庭压力。你下班回家，你想做的就是放松一下。你坐在电视机前，让你的伴侣给你拿杯啤酒来，甚至没有注意到他们的存在，这是理所当然的态度，对你的伴侣来说是不公平的。

采取行动：公正些

下次你回家的时候，养成一个回家第一件事情就是找到你的伴侣的习惯，亲吻他们，然后说些好听的话。我们都有心情好和不好的时候。养成关注伴侣每天过得怎么样的习惯。如果你认为他们度过了糟糕的一天，那关心需要升级。让你的伴侣躺在沙发上，由你来做晚饭洗碗。

在你状态好的时候，掌控家里的一切吧，做饭、打扫卫生、洗衣服、买杂货。如果你不知道如何完成这些任务，那就上YouTube看看吧。我相信你可以的！说着"我不知道怎么操作洗碗机或吸尘器"这样的话，还声称自己对一切了如指掌，这让我很是吃惊。金钱不是打开你伴侣心灵的钥匙。投入和承担才是。

解决方案：平等的伴侣关系

平等并不意味着你们在伴侣关系的各个方面都是平等的。这是不可能。你有你的特长，伴侣有伴侣的特长。当认清这一点，并根据个人技能就谁来做什么达成一致时，这就是平等的伴侣关系。目标是走到一起。

如果你的伴侣擅长财务或税务，那这就由他们管理财务吧。如果你更善于观察房子周边的情况，那么这就由你管吧。但要公平起见。如果你的工作需要一个小时，而他们的工作需要五个小时，你需要做其他的工作来使它变得平等。

检查一下所有的家务、财务、孩子，以及你们两个生活所需的所有活动。确定伴侣更适合手头的哪个活动，并保持公平。根据时间相互划分任务。确保你们两个都没意见。根据技能组合划分任务，并严格执行计划，各司其职。如果你不承担你的责任，期望你的伴侣处理所有的任务，你的伴侣有权进行家庭罢工。是时候停止索取而给予更多了。

如果你在接下来的几个月里被工作压得喘不过气来，试图把你所有的运动和爱好都融入到你疯狂的日程表中，那就减少一些这样的活动，这样你就可以为你的伴侣腾出时间了。一旦工作放慢，只要有时间留给你的伴侣，就放弃你的爱好和运动。伴侣优先，再是其他的。因为如果你丢了工作，错过了一场比赛，或者在外面受了委屈，回家后你还有伴侣陪着你。无论顺境还是逆境，他们都会在你身边。

错误3：说一套，做一套

你有多少次说你要做某事，但没有坚持到底？你会不会告诉你的伴侣你要做某事，然后就忘了？就像你说会去学校接孩子，然后打电话说你忘了，因为你很忙，然后问对方能不能去接孩子？当你说你要回家吃晚饭，但你一次又一次迟到时，你的伴侣会作何感想？你在伴侣的心里种下了疑虑和怨恨的种子。

当你说你会处理一些事情，却忘了是怎么回事？你的伴侣会有什么感觉？失望？悲伤？他们是否觉得你是在撒谎或背叛了他们？他们相信你说的吗？请回答：他们有什么感觉？你会有什么感觉？

所有那些你没有坚持到底的时候，都会让伴侣感到被疏忽了。无论你当时在做什么，看来都比信守诺言重要得多。一对伴侣关系中，留守在家的这一方可能会感到愤怒或嫉妒。你似乎仍然掌控着自己的时间，走出去，仍然做你喜欢做的事情。与此同时，对方生活是呆在家里以确保整个家运转正常，很少或根本没有独处、娱乐或与朋友一起玩的时间？

归根结底是：你的伴侣对你们的伴侣关系感到安全吗？你有没有给他们一个理由，让他们觉得你的生活中正在发生比他们更重要的事情？如果你的伴侣感到与你脱节，随着时间的推移，他们可能会变成你不再认识的人。你爱上的那个有趣、有爱心、会关心人的伴侣可能已经消失了。出于保护自己不受伤害的需要，他们将不再爱你。

这种待遇严重损害了伴侣的自我形象。感觉不到爱的人可能会放任自己，因为你说的一些有关体重或外表的"俏皮话"加重了其低自我形象，或者说他们不再关注自己的外表。他们可能会觉得自己老了，不像以前那么漂亮了。知道你每天和年轻、有魅力的人在一起工作只会让事情变得更糟。

你的伴侣是否已经到了不再生气的阶段，因为他们知道指望不上你了？他们是否认为自己做一项任务或活动会更容易，甚至不需要你的参与？

对于失去安全感的伴侣来说，后果之一是体重增加、抑郁和自我形象低落等健康问题。他们失去了锻炼、跑步或上瑜伽课、计划健康饮食以及其他照顾自己的动力。

事实是，当你压力很大，筋疲力尽时，你的意志力就会被耗尽。当你的意志力很强时，你能够抵抗压力。但是当你因为疲惫和压力而缺乏意志力的时候，你会做出错误决定，不健康饮食，早上又会后悔。当意志力消失时，谁也抵抗不了。你只剩下放纵的需要来填补悲伤的空白，因为你没有力量做出正确的选择。

行动起来：做个好人

减轻伴侣的压力是你的工作。做出承诺并坚守承诺是基本要求。下次你说你要打扫车库，粉刷孩子们的房间，粉刷露天平台，或者修理汽车，那就去做吧。戴上你的耳机，听着比赛直播，完成自己的承诺。

想想生活中所有可能会有压力的事情。听听你伴侣的压力是从何而来。不要质疑他们，你的工作就是相信他们，并采取行动，确保你伴侣的压力水平降至最低。

听着，这一切都是为了有一个快乐的伴侣。然后你可以出去打一轮高尔夫球，或者和你的朋友出去玩。这是一个优先事项的转变，但如果你做出这些改变，也将会从伴侣那里得到额外的收获，你是不会抱怨的。

现在请记住，按照约定时间准时回家。如果出现时间冲突，你的选择就是要么让生活变得轻松，要么让生活变得艰难。为什么你要处理这个额外的问题呢？成长起来，注意时间，如约回家。

解决方案：有安全感的伴侣关系

如果你每次都履行承诺，你就会有一个快乐、强大而有安全感的伴侣。这样你就可以自由地做你想做的事，而不用担心回家后出现问题。

想一想你完成家务就可以得到的益处。把你花在这些家务上的时间想象成是存入银行的钱，只不过在这是存入的是伴侣的好心情。伴侣越快乐，伴侣会奖励你的越多。如果你的"银行"空着，而你想逃脱家务，伴侣就会生气。但如果你的"银行"富余，那就尽情去玩吧。

我听人们抱怨说，完成家务毫无意义，因为伴侣只会不断地添加更多。简直胡说八道。伴侣会一遍又一遍地抱怨的通常是未完成任务。把家务想象成贴在你伴侣额头上的贴纸。在任务完成之前，贴纸一直在那贴着，让人心生厌烦。当你完成任务后，它就会消失。你可能会认为你伴侣的提醒是唠叨。认为永远不能让伴侣开心，这是错误的想法。消除伴侣额头的"贴纸"，抱怨自然烟消云散。

哦，顺便说一句，虽说是完成伴侣安排的任务，但要记住，这也是你的房子。当你完成家务后，你也可以享受美丽舒适的家居环境。

令人惊讶的是，在如何摆脱工作的问题上，思考和制定战略所需的精力比实际所需的要多。换句话说，当你的伴侣需要你的帮助时，养成立刻起身去帮助的习惯；永远不要说"马上"。站起来，马上做。完成后，再继续做你之前在做的事情。如果你养成立即完成伴侣要求的习惯，不仅伴侣会很高兴，而且你也会发现自己能够做你想做的事情。只有当你的伴侣的核心需求得到满足，你的核心需求才能得到满足。

"不问也不说"的忠告不适合用在伴侣关系中。

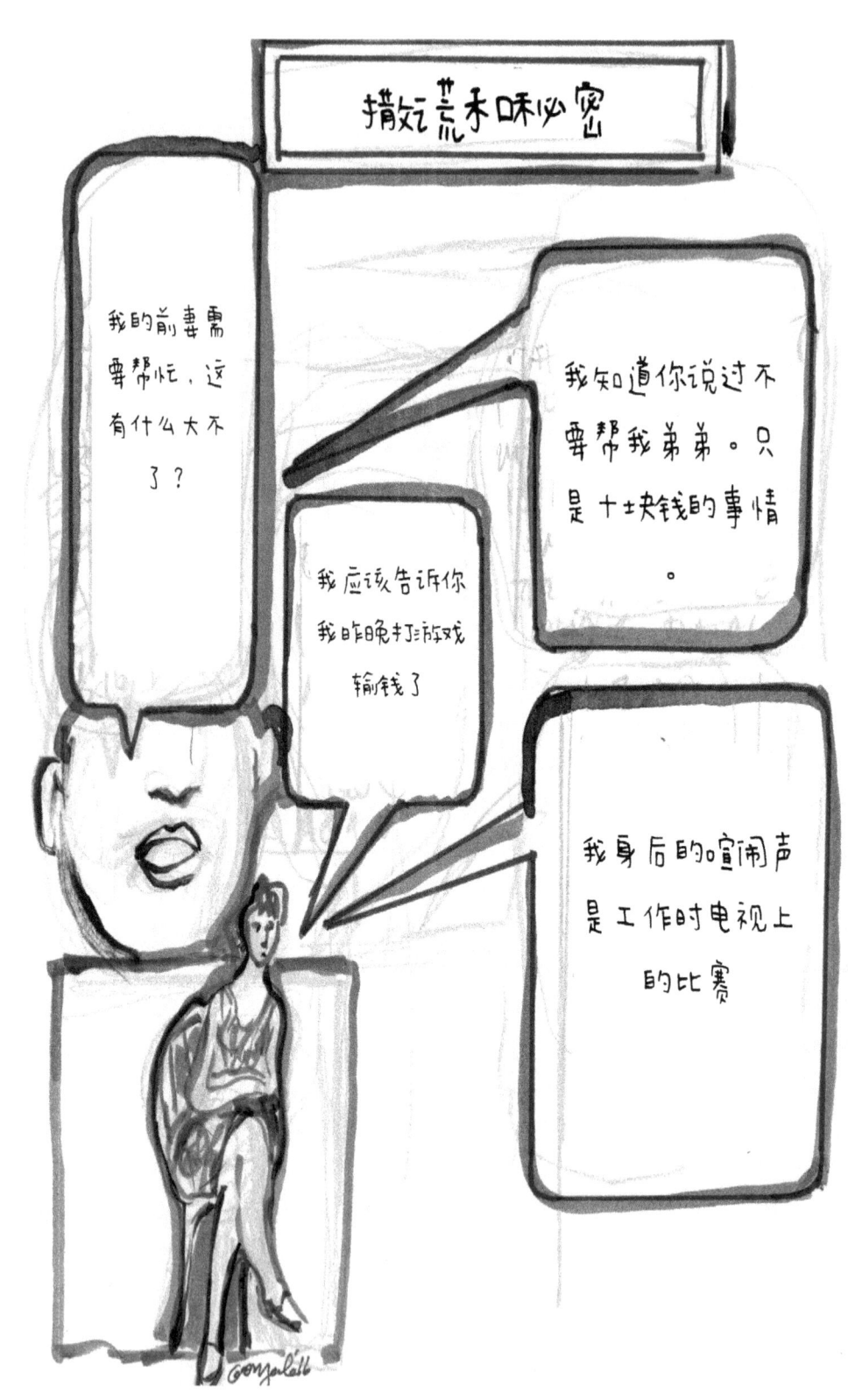

错误4：谎言和秘密

谎言有两种：善意的谎言和严重的谎言。善意的谎言很常见，通常是为了减少麻烦，让别人感觉良好。善意的谎言一般都是无伤大雅的。开会迟到了，你说"是交通堵塞，"而不是承认你睡过头了。当你和朋友们出去喝啤酒的时候，你会说，"我被工作耽搁了。"

严重的弥天大谎谎言或秘密是最难坦诚的，因为你害怕你的伴侣会离开。我说的是可以毁掉生活的事情，比如上瘾或过着双重生活。不管你认为自己有多善于隐藏，总会露出蛛丝马迹。伴侣很擅长找出你的秘密，因为他们了解你和你的习惯。因此，当你的个性或习惯发生变化时，伴侣会接收到异常信号，对矛盾有高度敏感。

隐私与秘密的概念密切相关。你会在朋友和家人之间设定合适的界限吗？你会分享伴侣的私人信息(无论好坏)，并认为这是可以的吗？你会告诉你的朋友你与伴侣的性生活吗？你需要和你的伴侣制定规则，关于伴侣接受范围内你可以与他人分享的内容，以及你的分享方式，比如在社交媒体上发布图片或信息。

你的生活方式和你伴侣不同吗？你喜欢去酒吧，热衷于社交？如果可以的话，你会经常邀请他们到家里来玩吗？你喜欢和他人分享你的事情，而你的伴侣喜欢保持一定的神秘感吗？

你是否会夸大了自己的成就？对真实的情况总是夸大其词？当这种夸张成为一种习惯时，它可能会变成一种谎言，让你的伴侣怀疑你还有其他不真实的地方。

你是否在餐桌上或在床上打电话发短信？你会给你的伴侣一个晚安吻还是守着手机直到睡着？你与社交媒体上的"朋友"交谈，朋友圈点赞，打破了你应当守护的亲密关系？

此时就需要制定规则、边界和应对策略。与伴侣达成一致，并得到尊重，才能让伴侣关系发挥作用。如果规则被打破，信任也会被打破。你看似和伴侣一直在一起，但这并不意味着你就可以了解对方。如果不投入真挚的情感和时间，你永远不会理解对方。

你是否感觉自己一直在争取伴侣的爱？除非和伴侣交流，否则你可能不知道对方有些反应是来自过去的创伤。这是一个人为了生存而不得不隐瞒的秘密。若是孩提时代就被虐待过，对方可能将其隐藏得很好，甚至是一生的秘密。但若这个创伤一直没有得到处理，你可能会在不知不觉中为此付出代价。

采取行动：全力以赴

要是被伴侣发现你的谎言（无论是否善意）或夸大事实，可能比你想象的要严重得多。你会发现，这其实会影响到你伴侣的核心需求。这会引发一系列的危险信号，伴侣会质疑你的可信度。伴侣会认为如果你在一件小事上撒谎，那么可能还有更大的谎言。不说出全部真相会导致信任的彻底崩盘。你的伴侣希望你是他们可以信赖的另一半。欺骗不仅会破坏关系的纯洁性，还会进一步破坏伴侣关系。当你犯了错误时，你有足够的勇气承认错误，向对方道歉并请求原谅吗？

解决方案：建立信任度高的伴侣关系

善意的谎言是为了保守秘密或是为了撒更大的谎。这就是为什么有时伴侣会做出如此极端的反应，而你认为他们只是反应过度了。他们不敢相信你竟然认为这不是什么大事。你的伴侣花了很多时间成为了解你的"专家"。所以，当你撒谎的时候，你的伴侣可以感觉到。他们可能不愿相信，也不愿提及，但他们是知道的。

一旦无辜的信任被打破，很难破镜重圆。你也许可以把它们粘上，但裂痕还是在。

你的伴侣疑虑越多，就越是追问你。他们需要知道你的下落，检查你的手机或电子邮件。当你因为这样或那样的原因触发伴侣对信任的核心需求时，记住他们不信任你是你的错。

如果你下定决心要改变，有一种快速的方法可以重建伴侣的信任。打开本书的第六章你就可以看到。让你的伴侣有安全感。让他们随时知道你的去向，知道你的手机密码，能打开你的手机。你要明白这需要大量时间和精力来重建信任，甚至会花上几年的时间，而且你已经失去了曾经在伴侣关系中享有的自由权利。虽然看起来很难实现，但与伴侣坦诚相待就可以重获自由！

44

第3章：在伴侣关系降温时，你的伴侣经历的4个阶段

在推卸责任前，先自省。

你已经认识到了让伴侣关系偏离正轨的原因。当你忽视伴侣的需求，开空头支票，觉得自己理所应当被优待，或者说谎保密时，都可能导致你们的关系失控。若是这些错误中的任何一个变成了坏习惯，将迫使你的伴侣越来越多地封闭自我对你也感到更失望。

伴侣为了保持理智，他们必须保护自己。当你的伴侣感到没有出路时，就会自动触发自我保护机制。你可以用两种方式思考这个问题：

第一种可以比喻为扳动开关。家长们与孩子的互动中很擅长使用这个方式。当孩子问问题或尖叫时，父母就会扳动情绪的开关，以保持理智。当你做出错误的选择或不公正的时候，你的伴侣也会如此。如果他们不扳动开关，他们就可能会离开你。

第二个比喻是心墙。每一次诺言被打破，你的伴侣都会在心墙上加一块砖代表他们的失望。墙上的砖头越多，他们被落空的期望伤害的可能性就越小。

在你忽视家里的事情，抱怨没有与朋友团聚的时间，或没有足够休闲的时间的时候，你已经看到你的伴侣扳动开关，不再听你编造的各种谎言。

当你许诺空头支票的时候，你的伴侣给心墙加上一块砖。墙越高，他们就越不指望你去做你说要做的事。如果你有注意，你伴侣失望或沮丧的时刻就是砌上这块砖的时候。

我现在可以回答你的问题：如果伴侣和你在一起那么痛苦，他们为什么还要和我在一起？首先，他们关掉开关以保持头脑清醒。其次，他们觉得自己在心墙后面可以免受伤害。

当一段关系被现实生活中的问题压得喘不过气来时，可能会导致争吵和伴侣关系的脱节。这些问题持续发生，你幸福快乐生活就受到威胁。当伴侣关系良好时，坏习惯通常是可以容忍的。当关系破裂时，任何坏习惯都会使情况更加恶化。伴侣什么都管着你，就好像你已经失去了做你想做的事的自由？到那时，伴侣关系的负担会让你的伴侣感到失控程度。

好消息是，你的伴侣愿意相信他们选择你并没有错。他们抱有希望，相信旧爱可以重燃。

要在各方面都注意维护这段关系，就像维护车里的油箱一样。当你加满油箱跳上驾驶座，看着你的燃油表的指针完美地盘旋在"F"（满）上的那种满足感。接下来会发生什么？油量不再是个问题。你可以集中精力处理更紧迫的事情。然而没过多久你向下看，发现你即将接近"E"（空）。你忽视了每天在你面前发生的事情。这时你都有什么反应？你摇摇头，问道："这些该死的汽油都哪去了？！"这句话听起来耳熟吗？

用此来形容一段亲密关系，一段感情也有它的高光时刻，作为伴侣，你会全力以赴让你的伴侣开心。然而，就像空油箱一样，你只是在感觉到关系处于"E"状态时才做出努力吗？你是否只是等待那些重要日期，生日，情人节，圣诞节，周年纪念日等，才向你的伴侣表达真正的爱意？这些其实都不是你对伴侣爱的表达的重点，重点在于你如何努力时不时地向你的伴侣展示你对他们特别之处的欣赏呢？

但是请等等，不要把你所有的精力都放在可预测的事情上，比如买礼物。如果你在想，"好吧，下个节日买礼物吧"，那你就错了。从何时起，有纪念日来决定了你应该在什么时候给伴侣带去幸福？

如果你养成了每次看到油箱半满就加满油的习惯，会怎么样？你总是有充足的燃料来做你需要的事情，而且你的油箱永远不会空，如果你不断地给你们的关系添加爱意，自然会爱意满载。为什么不每周都向伴侣表达爱呢？为什么不每天都这样做呢？

仅仅是每天意识到这段关系，就能让你做出相应的反应。那是什么样的情景呢？当你的伴侣醒来时，赞美、拥抱、亲吻对方，为其准备咖啡，握住对方的手诉说你的爱意。当你的伴侣回家时，准备好晚餐，或者在漫长的一天后在门口用一杯酒迎接你的伴侣。给孩子找个保姆，带你的伴侣出去约会。别忘了绅士的为他们开门。

请记住，爱都在小事中体现。需要让你的伴侣知道你在想着他们，想为他们制造幸福。重要的是小事。

我知道，你有很多事情要处理，有时不得已让你们的关系滑坡。这是常有的事，不是某个人的错。生活就是这样的。但是若任由其恶化，而忽视将伴侣关系重新放在优先处理的地位，这就是你的错了。这就是如何让"爱的油管"装满的方法。当你确信你们的伴侣关系很好时，所有这些义务以外的事情都会变得不那么有压力。

如果你们的关系已经降到了历史最低点，但你仍然想要维持，那么你有办法扭转这一局面。在你推卸责任之前，先自省。不能让你们的关系恶化到水火不容！

当一段关系变坏的时候。开始决定你到底有多想要你的伴侣，还是他们想要退出，这是人类的本性。当你的伴侣感到与你断联时，这是一段伴侣关系变得更糟的开始。这是一种自动生存模式，就像你的伴侣重新设定他们的期望一样简单。这种重置会触发你的伴侣为了在你们的伴侣关系中生存下来而经历的四个阶段，即使它正在降温。

阶段1：对方先是自我调整
阶段2：然后变得自私
阶段3：再与你情感断联
阶段4：对方不再喜欢你

完美的伴侣关系发生在不愿意放弃对方的两个不完美的人之间

阶段1：对方先是自我调整

在调整阶段，你的伴侣不再能指望你帮忙的时候。他们改变自己的期望，开始独自处理。一个问题不会恶化一段关系，但如果成为一种模式，就会形成"滚雪球"效应，最后变得严重。

森林大火不是随随便便就燃起来的，总是先有一个小火苗。一旦火花点燃，它就会迅速扩散。正是这种火种在你的生活中不断地重现，引发了这些激烈的争论，迫使你的伴侣做出调整。时常照顾你伴侣的需求，哪怕是小小的需求。防火林说得最好："只有你才能防止森林火灾。"如果你在你们的关系中养成良好的习惯，只有你才能防止你们的关系变成失控的"森林大火"。

伴侣另一种形式的调整是把你拒之门外。你的伴侣封闭听觉、视觉以及对浪漫的渴望，渴望消失就不再有更多的爱。如果你有孩子，你的伴侣可能已经熟练掌握这个技能了。这是一种"冷却"机制，可以防止情绪爆炸。

这种没有爱的隔绝可能是一种生存机制，但最终感觉很像是控制欲。当你的伴侣受伤时，他们会有意或无意"出击"，是因为他们觉得需要"自卫"。如果你的伴侣觉得受到了委屈，他们可能更倾向于利用亲密关系来让你顺从。除此之外，你的伴侣可能会在情感上和身体上完全将你隔绝。

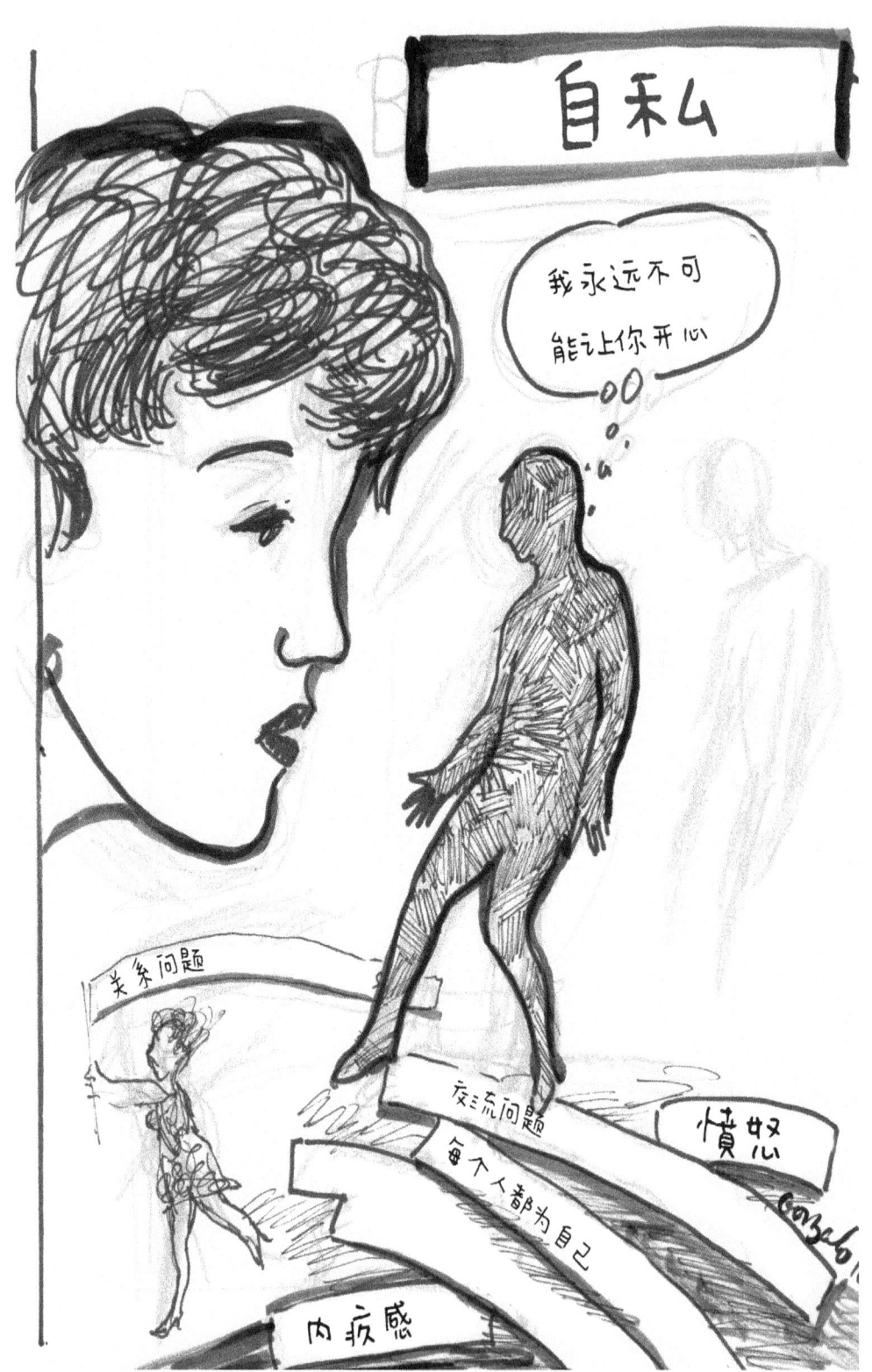

第二阶段：然后变得自私

自私阶段也可以称为"人人为己"阶段。你苦苦挣扎的爱人试图在获得控制权的过程中纠正问题。礼貌的提问现在变成要求，具有预先确定的后果，甚至是最后结论。这时你开始反思，"我永远不能让你快乐"。

你了解这些套路。"这个感恩节我们没有时间去你家，所以你只能去我家。"报复开始在你的皮肤下蔓延。这是一种让你真切了解自己行为后果的方法。

你感觉伴侣在发疯，但不明白为什么。他们对你带有敌意。你试图满足伴侣的需求，但他们要么要求得更加过分，要么与你停止战斗。你再也无法取悦对方，你会觉得你的伴侣不公平也不讲理。你的日常生活变成了赌局：明天醒来的她状态是好是坏？

你现在该怎么做呢？你对伴侣的行为做出反应，无论是精神上和身体上。现在你与伴侣的情感连接断裂。这是一种生存策略。与令人筋疲力尽的、持续不断的争吵相比，冷处理成为伤害小一点的方式。但当沟通完全中断，就会形成真正的长期损害。

不尊重

第3阶段：再与你情感断联

不尊重阶段是可怕的也难看的。当双方翻白眼、辱骂和大喊大叫的时候，争论就会变得无礼。在这个阶段，注意你的言辞，每个字都会被记住。"回放"已激活。愤怒会把你最坏的一面显现出来。

在和家人或朋友在一起时，你和伴侣有没有过一种情形，你嘲笑他们的行为，然后第三次世界大战爆发，你说了一些无法挽回的话？有的话覆水难收，之后想挽回就很难。

在这个阶段，你开始质疑这段关系，可能会假想的抽离情景。一旦伴侣之间的相互尊重开始瓦解，让你有对其他异性产生想法，比如四处张望、调情等等。这些看似"无害"的事情理论上讲并不算出轨，但也不是你想让伴侣发现的事情。

相互尊重的彻底崩溃往往会形成一种"我不在乎"的态度。一旦你不再在乎，不再及时解决问题，问题就会开始积聚。

你自然不会觉得自己是个失败者，你自认不会失败。特别是当你开始感觉到事情可能会失控的时候，你会采取一切措施来重获控制权。当期望落空、设定的界限被突破时，就会出现这样的事情，双方都有责任。

尽管在这个阶段，你造成了如此大的损害，但如果你开始认识到自己哪里搞砸了，并承认自己犯了错，还是可以扭转局面。你只需要工具箱里的工具就可以搞定。

第4阶段 对方不再喜欢你

一旦你们达到了不喜欢的阶段，局势就很是黯淡了。此时你们无法在任何事情上达成一致，并开始质疑这个人是否是你的灵魂伴侣。此时伴侣关系中相互尊重完全瓦解。这种情况很难恢复如初，但若双方都希望解决这个问题，就有可能修复关系。这是一个危险的地方，你可能会听到"我们之间的爱已经不足以支撑我们走下去了"。

这个阶段你会沉迷于一些其他的事情，比如和前任一起喝酒，网恋，甚至是婚外情。这是抽离过程的升级。你沉浸在工作、爱好或运动中。其实是在回避伴侣和争吵。在办公室呆到很晚或者出差，离开你的伴侣，你们的关系变成了"糟糕的室友"。

尽管如此，你还是不会放手，不到南墙不回头。你的伴侣大吵大闹，恳求你做出改变，但你却拒绝倾听。只有当你的伴侣最终忍无可忍把你赶出去，结束这段关系时，大多数人才会哭着回来。只有到那时，你才会最终决定改变，因为你突然意识到你离不开他们。

在这段亲密关系中，始终如一的重视表明双方的相互尊重，并巩固这段和谐关系。请记住，你没有意识到这些阶段不是你的错，但现在你意识到，还没有做出相应的调整，那就是你的错。

第二部分：让伴侣快乐的基本原则

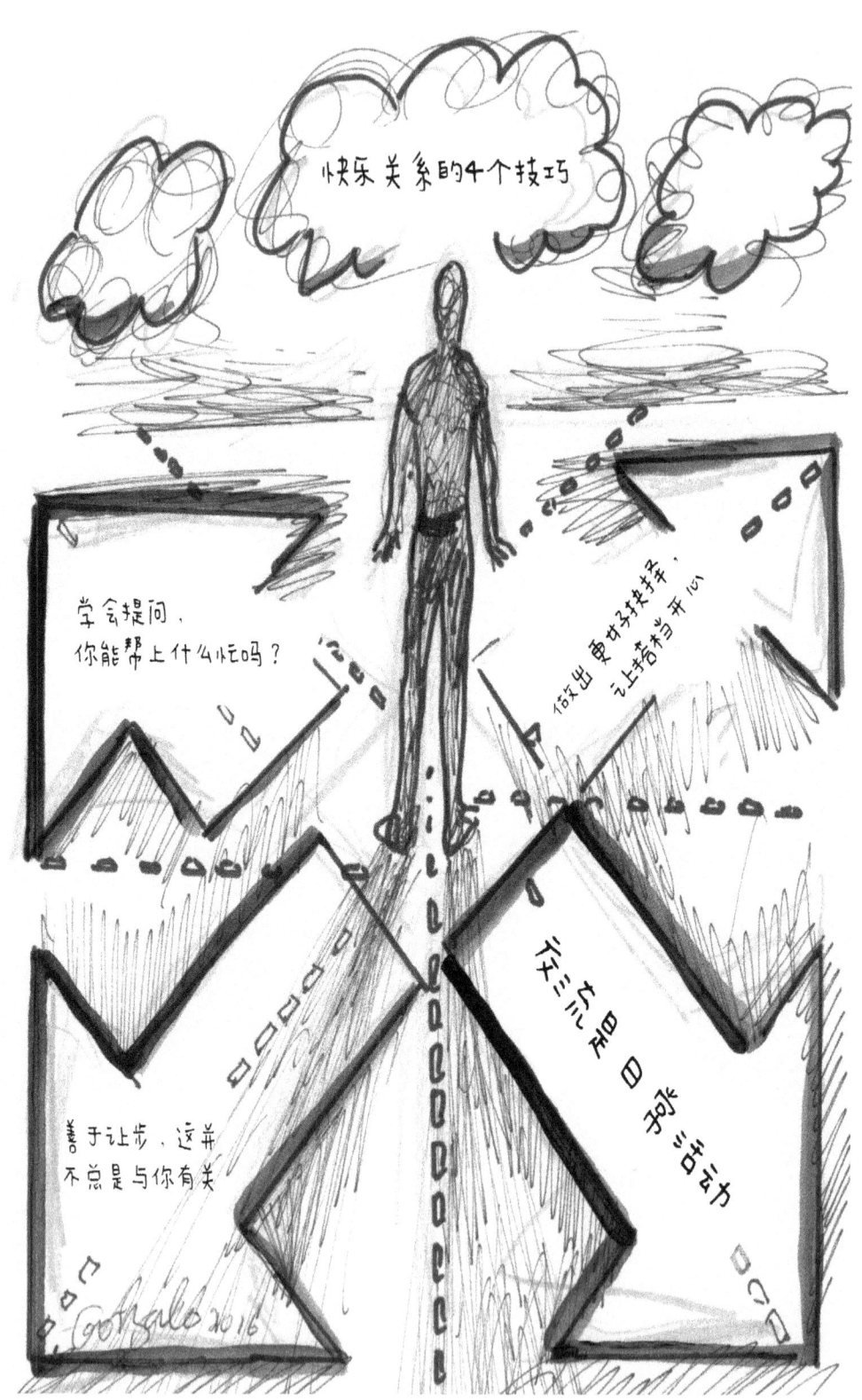

第4章：
幸福的伴侣关系中你从未掌握的四项技能

伴侣关系是一项持续开展的工作。
所学技能越多，事情就会变得越好。

你没学过与伴侣合作建立健康关系的四种关键方法，这不是你的错。如果你一直在黑暗中摸索，那是因为没有人指引你的方向。没有技巧的处理方式，只会增加压力，这样的伴侣关系并不理想。

以下四项技能。在日常生活中正确使用，伴侣关系和谐美满。

学会提问
你不能读懂伴侣的心思。但是如果你能和伴侣沟通，你就能知道何时出了问题。所以要问这样的问题："我是不是做错了什么？"、"我怎么样才可以做得更好？"或者"你看起来不太开心的样子，你怎么了？"这为伴侣关系创造了力量，也带来了平衡。

做出正确的选择
当你的伴侣要求你做某事，而你太忙或忽视它时，就会造成一种不平衡的伴侣关系。所以，下次就直接照做，规划好自己的时间。

妥协
在伴侣关系中，总要互相让步。如果你在一个问题上固执己见，而你的伴侣让步了，那么就让你的伴侣在另一个问题上自行其是吧。

交流
这是伴侣关系成功的关键。让你的伴侣意识这个决定是至关重要的，也是建立信任的关键。

最终的目标是消除伴侣和伴侣关系的压力，这样双方才能快乐。你知道你人生中的新工作是什么吗？不惜一切代价消除伴侣的压力。强调一遍：确保你的伴侣永远不会有压力！

运用这四项技巧来消除伴侣的压力。不惜一切代价。回想我们前面讲的为什么这样做的理由。为了确保你的伴侣永远不会有压力，你需要书后附赠的工具来实现。

第1个技巧：学会问问题

提问让人们有机会能建设性地谈论事情。特别是在一段亲密关系开始的时候，双方总是试着去做他们认为对方想让他们做的事情，但大多数人都是不善于猜测的人。那些认为自己能读懂对方心思的伴侣在很多时候都是在自欺欺人。

我的秘诀：你想知道伴侣什么时候和你情感"断联"吗？他们不说话，不笑，情绪焦躁，你还不知道是为什么。通常情况下，你就是给对方一些空间然后就此翻篇了。这时你应该说，"你有空吗？我想问一个问题。我想变得更好，但我不知道我做错了什么。而且我想知道我怎样才能纠正这个错误。"。让你的伴侣敞开心扉，然后向你的伴侣展示你将来会做得更好。

一个最好的例子就是亲密关系中的一方需要更多的独处时间。另外一方会想这代表着伴侣不再想和自己在一起，这可能会造成冲突。在现实中，一个伴侣可能只是习惯了有更多的独处时间，甚至没有意识到给对方带来的感觉。而提出这样的问题会消除相应的疑虑。

是时候问一些问题了，比如，"你觉得我们的关系平衡吗？""你觉得这种伴侣关系是平等的吗？"或者"和我在一起你觉得安全吗？"最后一个要解决的问题是，你的伴侣是否信任你。现在，是时候来听听答案了。抓住重点，用心倾听。

所以，问出这些问题，了解伴侣内心真实的想法。但每个问题都应该围绕着核心问题：我怎样才能成为你更好的伴侣？

做出抉择

第2个技巧：做出正确的选择

每一次行动都是一种选择。

如果你曾经试图和伴侣一起做一个决定，无论是否是重要的决定，你都知道这有多难。为什么这么难呢？当你单身的时候，你是独立做决定的，只需要本人的认同，几乎不会对其他人产生影响。

你的决策质量毋庸置疑的决定了关系中双方的地位，导致了一段成功或失败的伴侣关系。记住，你伴侣的需求应该放在第一位。只有这样，你才能走上健康伴侣关系的轨道。记住这一点：每一次行动都是一种选择。

无论你们是积极的合议，还是在各自选择中考虑对方，相较于单身时期，做决定多多少少都要考虑到对方。如果伴侣中私自做决定，这段关系迟早会受到影响。抉择是一个独立的举动，但它们在伴侣关系中一起商议。如果你在未知会伴侣的情况下独自做决定，感情可能会受挫。

表达自己的决定不代表由你决定。让你的伴侣自己做选择，尊重他们的判断。给他们成功或失败的自由，以他们的生活经验为基础作出自己的决定。你也必须向你的伴侣表明，你可以自己做出正确的决定。

让步

妥协就是让你的搭档有发言权和观点让你遵循。这并不总是与你有关。

第3个技巧：妥协

妥协可以理解为，为与你的伴侣达成共识，你需要放弃一些东西。在你们关系的某个阶段，你和伴侣侣会有不同的方法、观点或愿望。但如果处理得当，妥协将有助于你和伴侣作为一个团队共同成长。妥协在你们的关系中培养信任、责任感、一致性和安全感。这也表明你们心中有一个共同的目标：健康的伴侣关系。

练习技巧：在做出强硬的决定时，首先要控制住你的自尊心。如果你认为你的方法是唯一的方法，也请你先冷静一下，重新评估现状。做你伴侣想要做的事难道就是最糟糕的事情？在大多数情况下，我发现伴侣的选择是正确的，而且往往比我的更好。

在一段关系中，你无法避免争吵，但争吵的方式是可以商量的。这是一种爱的语言。如果你伴侣在发生问题后需要空间，那么就先冷静一下再谈。如果你觉得你付出的比得到的多，或者你的妥协开始感觉更像是牺牲，那么可能是时候重新评估现有的标准和界限了，否则你就会陷入讨好对方的境地，这是非常危险的。

妥协需要时间来学习。不要让事情发展到让你的伴侣感到愤怒的地步，不要让他们觉得是他们扛下了所有。你要重新参与到这段关系中，最好是学会妥协。记住，你可以说，"你是对的，我错了。"

第4个技巧：交流

伴侣间的有效沟通可以建立起相互尊重。这个想法很简单：人类是共情动物，感知情感稍有误差，因此，沟通有助于加强相互尊重。无需相互猜忌，有助于避免误解，建立信任。伴侣之间可以相互扶持。有效沟通帮助伴侣在爱情中成长，对稳定双方情绪也很有好处。

下次当你与伴侣有重大分歧时，确保自己成为积极的倾听者，无论这有多难。这期间需要一系列的技巧处理。尽量用心倾听，试着重复伴侣的话，并表示自己也正在这样做。比如，"你说存钱很重要，所以我会更加控制我的支出"，或者"我理解我工作太多的时候你会感到孤独，所以我会尽量早点回家。"

可以和伴侣进行一些小的肢体互动，比如眼神交流、手牵手和点头。这让你和你的伴侣感觉像是队友，而不是对手。在进行重要讨论时，把手机和笔记本电脑收起来！你也可以考虑一个可以用来中断谈话的"安全词"。

这里有个秘密。如果你每天花10分钟让你的伴侣发泄他们的情感，让对方表达自身感受，并积极与之沟通。记住，自满会毁掉一段感情。如果你的伴侣要求你做某事，而你觉得不公平，请一定要向其表达你的想法。与你的伴侣交谈沟通，这样他们才能理解你的想法。另一方面，如果情况已经到了难以控制的地步，记住你可以说，"你是对的，我错了。"

**这不是你的错。
从来没有人教过你如何拥有健康的伴侣关系。
但请注意。读完这本书，
你就没有任何借口了！**

68

第5章：满足伴侣的需求就是你的需求，这样才有和谐的伴侣关系。

你是伴侣关系中的基石。

本章中的内容将带你了解你的四项基本需求，而这些需求也是你的伴侣需要尊重的。你的这思想需求中的任何一个不被满足，你都会感到不开心。你什么时候跟你的伴侣谈过你的需求？你的伴侣知道你有这些需求吗？

我需要你把自己看作是你们关系桥梁的基石。请记住，你是基石。

在下一章中，你将了解你的伴侣的四个需求。考虑你伴侣的四个需求，把它们作为基础支撑的的桥梁的支柱。这些是桥梁的主要组成部分。如果基础薄弱，支柱也会薄弱。如果基础和支柱坚固，那么伴侣关系的"桥梁"也是坚固的。如果你满足了你伴侣的所有需求，你就建立了一座牢固的"桥梁"。然后，也只有到那时，你的伴侣才会尊重和支持你的四个需求。

你需要从你的伴侣那里得到的可能与你想要的大不相同。需求是绝对的，就像空气和水一样，而需要是你想要的东西。在恋爱关系中，很容易混淆两者。

满足你的需要和需求同样重要。省钱在游戏中购买特殊物品这样的需要，可能会与必要需求混淆。挣钱支付账单，照顾孩子，全力以赴照顾你的伴侣是一种必要需求。当所有必要需求都满足后，仍有富足，你就可以买你想要的东西。

这样做的目的是得到你想要的而不会被伴侣拒绝。但这只有在伴侣的需求得到满足的情况下才能发生。这是人性也是常识。所有的人都有渴望，渴望也是很重要的。你们的关系需要有自由或者渴望。有必要与一个有趣而充满爱心的伴侣建立联系。在解读需求和渴望之间的区别时，我建议你首先关注需求。然后告诉你的伴侣你想要什么，就像我想要一辆法拉利或劳力士手表一样，我是开玩笑的，但你明白我的意思。记住，你的伴侣也有需求。

现实情况是，当需求和渴望都得到满足时，你们的伴侣关系才是健康的。如果你有想要被满足的愿望，你就必须满足伴侣的需求。

让我们沿用"桥梁"来比喻伴侣关系。我们已经确定你就是我们的基础。最后一块是支撑梁，它位于桥上用来支撑道路，并由柱子支撑。支撑梁就是日常问题，可能会摇晃柱子（你的伴侣）和基础（你）。你将在第6章中了解有关这些内容的更多信息。

让我们来看看什么才能让你开心，有的可能适用，有的可能不那么适用。你可择优选用。下面是我给人类四种基本需求贴上的标签：

- 喜欢
- 不喜欢
- 不擅长
- 讨厌

如果这四个需求得到理解和尊重，你就会很开心！

你知道你喜欢什么才会快乐吗

需求1：我喜欢什么

第一个需求可以定义为生活中会让你快乐的东西。正是这种需求让生活变得有意义——那种你拥有一切的感觉。当你的伴侣尊重你的喜好时，生活美好。反之，生活充满坏情绪。

以下是一些常见的属于需求和喜欢的东西：

被需要：被人需要的需求可能体现在细微之处。收到赞美，在驾车回家的路上伴侣抚摸你的头发……如果你想要更多，就给更多。当你的伴侣真诚地说"你太棒了"时，你会感觉很棒。当他们说需要你时，感觉更好。

友谊：这就是需要有一个有趣的、充满爱意的伴侣，叫上你最好的朋友一起出去玩。你个你享受其长久陪伴的人。形影不离的伴侣关系。

竞争：竞争和获胜的需求是一种肾上腺素的激增，无论是玩游戏，或是为你的球队加油。正是获胜的想法驱使着这股热潮。内啡肽在体内翻涌的自然快感，让你感觉自己还活着。但请不要和你的伴侣竞争。

修理东西：无论是口头上的还是物质上的修复，完成后感觉超棒。其实不管是做了什么，受到积极的反馈就感觉很棒！

宽恕：宽恕的需求是至关重要的，因为没有宽恕，你只会一直生气。能够原谅是自由的一种形式。宽恕让你能在生活中继续走下去，越快解决问题并原谅，你就越快恢复快乐的状态。

性生活：你的性生活会影响你的整体幸福感——无论是身体上、精神上还是情感上。这会让你觉得活着真好。如果你的伴侣不明白这一点，请让他们明白这就是现实：你需要做爱让生活更美好。你的需求需要得到满足。

为梦想加油：想要为你的人生目标冲刺吗？人要有远大的目标，设想下一笔生意，你要赚钱，旅行，转行，创业，或者其他你一直在筹备的事情。拥有一个支持你的伴侣是很重要的。当梦想被粉碎时，你的自尊也会被粉碎，从而引发不安全感。这就是为什么身边要有能理解你的伴侣才是最重要的。当你获胜时，对方与你一起庆祝，当事情没有按计划发展时，对方也会支持你。远大的梦想有时需要调整，在某些情况下，如果你已经付出了一切，但没有成功，那就放手这个梦想，再找一个新的梦想吧。

玩具、手办、爱好或运动：这些休闲放松的"充电"时间可以帮助你增强身心健康，同时增强你的幸福感。这些活动可以让你感到活着的意义。

发泄：放松、发泄的需求是健康生活的关键。能够与你的伴侣随意的谈论各种话题，这是一种需要。不管你是否意识到，每个人都需要他人的倾听。包括你！这是你验证自己是否还在生活正轨上的方式。你的伴侣就是你的倾诉对象。向善于倾听的伴侣发泄的好处是能拉近你们的距离。这是一种情感的联系和纽带，在细微处流露出对方的关怀和爱。

当你的伴侣尊重的的喜好时，事情就简单了，你就会感到快乐。当这些喜好中的任何一个被践踏时，你就会抓狂！

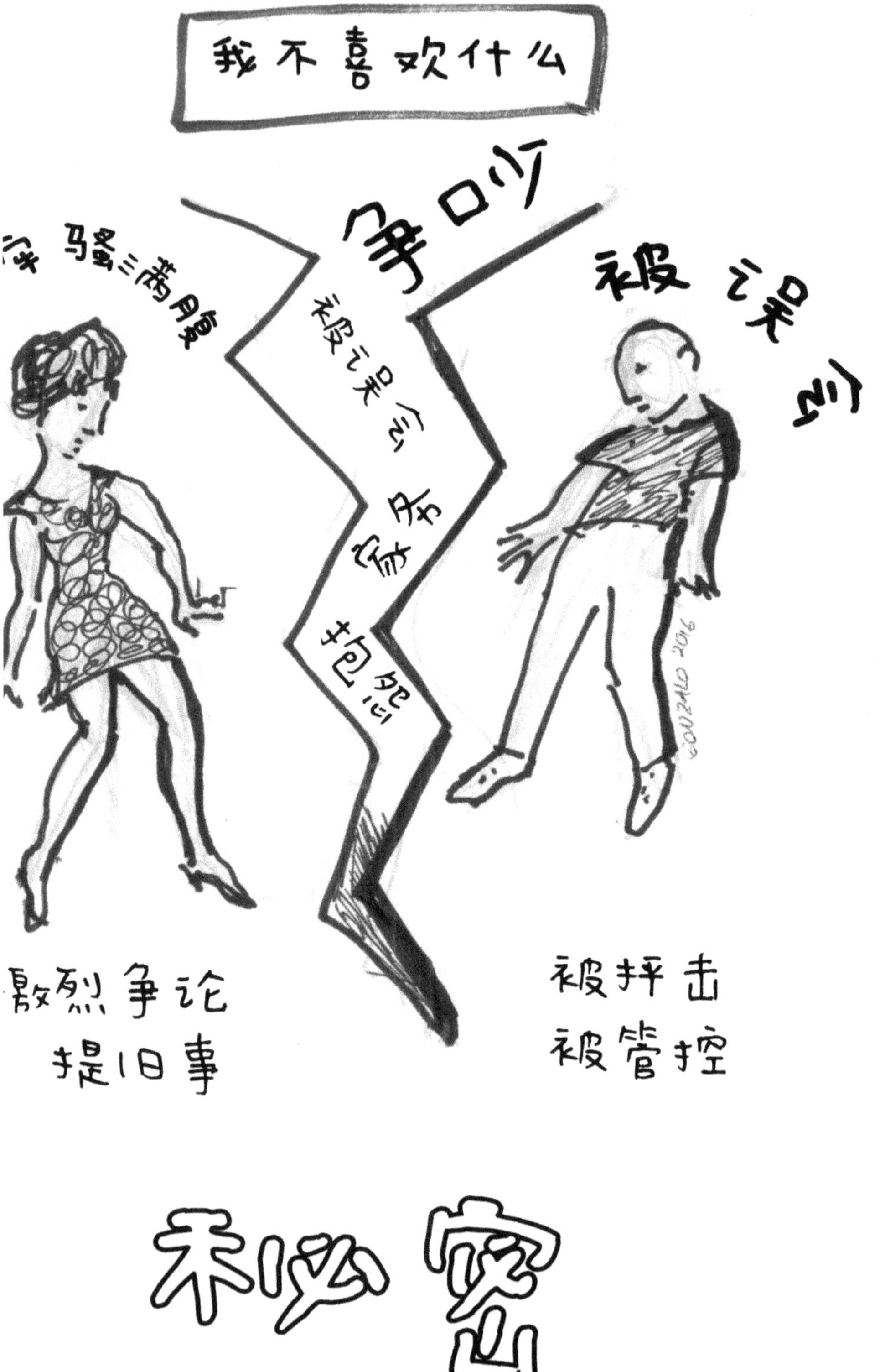

我不喜欢什么
争吵
牢骚满腹
被误会
被误会
家务
抱怨
激烈争论
提旧事
被抨击
被管控
秘密
GONZALO 2016

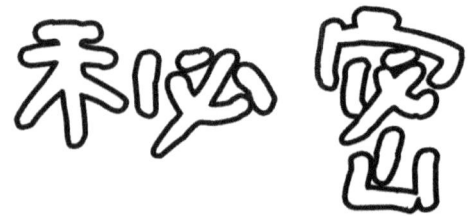

需求2：我不喜欢什么

第二个需求有点奇怪。就像你的伴侣需要尊重你喜欢的东西一样，你也希望你的伴侣尊重你对你不喜欢的东西的偏好。当你的伴侣期望你经常做你不喜欢做的事情时，你会感觉到愤怒、沮丧和怨恨等负面情绪。

这里有一些常见的人们不喜欢的东西，你可能也是这样。

自尊心被践踏：尤其是当涉及到任务和评论，比如"我讨厌你的工作方式——你总是半途而废。""你打算什么时候完成那个项目——明年？""我本可以做得更好的。""下一次，我会雇一个比你做的更好的人！"这样的评论很糟糕。

家务活：不喜欢做家务吗？谁喜欢呢？从孩提时代起，每当你听到"家务"这个词，就像听到抓挠黑板的声音，让你想要你逃离。大多数时候，你会觉得伴侣像你的母亲一样要求做这做那。他们就不能自己处理吗？但请你弄清楚，不喜欢做家务不是逃避家庭责任的理由。和你的伴侣谈谈你喜欢什么，不喜欢什么，然后达成统一意见。

不断抱怨：当伴侣总是消极抱怨的时候情况就会很糟糕，保持积极和快乐是很有挑战性的。发挥你的沟通技巧，礼貌的询问并提供支持，找出这些抱怨的真正根源。

争论升级：不喜欢大声争吵或失控？在这种情况下，你总是倾向于不尊重你的伴侣，说一些你不想说的话。有时候，说出的每一个字都是伤害。当你意识到时，会后悔一辈子。

唠叨：　简而言之，唠叨是对他人的侮辱，也令人恼怒。你不喜欢你的伴侣唠叨你。试着问问你的伴侣为什么要无缘无故地对你唠叨。但先自省一下，你被唠叨，是否是因为你触发"红线"。是你没有兑现承诺？不断地找借口逃避家庭事务？还是你的伴侣注意到你有时间玩乐却没时间陪他们。

球拍效应：就好像击球时，球反弹击中你。例如，你在谈话中，不经意间说出"我不喜欢你最好的朋友"这样的话。你的伴侣立即说："我也不喜欢你的朋友"。球拍效应就是你对伴侣说了一些刻薄的话，他们会立即反击。他们会说出他们不喜欢你的一切（哪怕是十年前发生的小事），这就是球拍效应。即便你的伴侣都不记得10分钟前他们把钥匙放在哪了。

旧事重提：你的伴侣回忆起关系中所有困扰他们的事件细节，这无疑会给伴侣关系带来负面影响。提起过去的问题，并把它们和现在的问题混在一起，这是最糟糕的。

撒谎：你不喜欢说善意的谎言，但总比大吵大闹的好。意见不合时，或者伴侣提出无理要求时，你就会说善意的谎言。善意的谎言源于独立决定的需求，无需用大段大段的话来解释自己的行为也不会被拒绝。

我的伴侣对我的看法
比其他任何人对我的看法都重要。

需求3：我不擅长做的事

第三种需求也很奇怪。你的缺陷，就像你不喜欢的东西一样，必须得到尊重，这样你才能对自己的决定感到满意。当你被迫去做你不擅长的事情时，你童年的所有不安全感都会涌上心头。过往的不堪让你感到难受。

安东尼·波登曾经问道："'糟糕'的反义词是什么？不糟糕？"。这就是你身处不擅长的领域的问题所在。很难逃离。

这些常见的糟糕情形，是否似曾相识？

承认错误：这相当于接受自己做了一个错误的选择。但你是房间里最聪明的人，你怎么可能错呢？尤其是当你的伴侣指出你错了的时候。听到这样的话很尴尬，没有什么比伴侣要求从你嘴里说出"我错了"更令人难堪的了。

寻求帮助：谢谢YouTube帮助我们完成那些富有挑战性的装修问题。但是，如果互联网出现故障怎么办？你怎么做？我知道你的答案了。那就是什么都不做，因为你的自尊心不让你寻求帮助。

完成任务：你在按时完成任务方面做得很差，还是根本不擅长？除非一项任务能带来丰厚的回报，否则它不是优先事项。奖励伴侣的好行为是没有坏处的。所以，如果你表现良好，一定要得到奖励。否则，我们这项任务的表现就很糟糕。

细节：你细节方面做得不好吗？处理细节需要花费太多时间。我们生活在一个即时满足的世界里，一心多用意味着一边点披萨一边看比赛。太追究细节的事情，我们就是做不好。

长时间对话：当你的伴侣需要进行长时间对话时，大多数人没有时间听冗长的谈话。大多数人喜欢速战速决的对话。但当你的伴侣想解释一个细节，想让你仔仔细细的听，你的注意力就会开始游离？此时，大脑只会开启多线并进模式。比如，他们在说话，我们在听，但同时也在想等会要吃什么。这是双赢的，对吧？我确实还在听呀。

保留自己的观点：这是不可能做到的。如果你有什么观点，总会有办法说出来的。

我讨厌什么

82

需求4：让我生气的事情

你的第四个也是最后一个需求也很奇怪。只有你讨厌的东西才需要得到尊重，这样你才能和你的伴侣幸福相处。当你被迫做你讨厌的事情时，触发仇恨情绪。在不擅长的事情引发自尊问题时，将直接把你带入愤怒和怨恨的情绪漩涡。

以下是几个常见的人们会感到厌恶的情形。诚实一点，说的是你么？

乞求性爱：乞求性爱的需求在触发厌恶需求的排名中排在首位。当你的伴侣打断你们做爱或你不得不乞求对方时，就已经不正常了。撅着嘴乞求一场性爱，这简直悲惨。你在希望对方不愿意做的事情，你抛下了骄傲、谦逊和自我价值，只是为了满足你的需求。当你的性需求得到满足，你就睁一只眼闭一只眼，重新开始。

被对方控制：如果你的伴侣做了所有的决定，不听你的意见，设定高期望却没有担起对应的责任，那么你就是被对方控制了。你从来没有发言权，让人感到无能为力。

被对方操纵：谁喜欢被操纵？绝没有人。这就是为什么会触发仇恨。你讨厌被操纵，因为这意味着你不是主持大局的人。现在，你明白我为什么说厌恶也是一种需求了吧？

自己照顾自己：一些伴侣不想照顾你时常说"我不是你的母亲"。我们大多数人都对自己与母亲的关系很敏感，这句话暗示我们仍然需要母亲或需要伴侣来提供基本的日常照顾。

我们需要谈一谈：没有哪几个词能像这几个词那样让伴侣感到恐惧。

现在，来回顾一下这四项：喜欢，不喜欢，不擅长以及厌恶。也许有些事情是你第一次承认，然后与你的伴侣分享，这样你的伴侣就会与你就此达到共识。不要以为你的伴侣已经知道了。我们的目标是让你们双方都承认自己的需求。

接下来，是时候满足你伴侣的核心需求了。你正在寻找一段感情破裂的真正原因。一旦你了解了伴侣的需求，并了解了如何解决这些需求，你就可以开始修复了！

如果女人不存在，那世界上的所有金钱将变得没有意义

第6章：
伴侣的需求需要得到尊重，他们才能感到幸福快乐。

当你满足伴侣需求时，
你就是最好的伴侣。

你不想让你的伴侣开心吗？难道这段伴侣关系不需要爱、尊重和友谊吗？你难道不想成为伴侣的唯一吗？难道你不想让你的伴侣知道他们可以依靠你吗？难道你不想让你的伴侣知道你才是真正保护他们的人吗？那么这一章就是建立良好伴侣关系的秘诀。关于伴侣关系失败的最简单解释是因为你伴侣的需求没有得到满足。我们将讨论是什么能满足对方需求，以及他们在想什么。

记住，你伴侣的四个需求是你桥梁的支柱。当你的需求得到满足时，基础就稳固了。你伴侣的柱子让这座桥屹立不倒。伴侣通常主持家务，起着桥梁的作用。如果地基和柱子坚固，那么你的桥也是坚固的。

下面就是"桥梁支柱"。你可以通过他们的英文首字母缩写记住：BEST（最好的）。当你帮助你的伴侣满足这四个需求时，你就会成为最好的伴侣。

- ### 平衡
- ### 平等
- ### 安全感
- ### 信任

你的工作就是确保你伴侣的支柱永远不会受损。你的角色是尊重伴侣的需求。要做到这一点，你必须支持伴侣的需求。首先要了解你一直在犯的四个错误。一旦理解到这个逻辑，你就会明白你所做的选择是如何影响伴侣的。然后为这段关系开启新的征程了。

事实是，你必须改变你的行为。记住，你是基础，必须先打好基础。你要先明白你有哪些需求没有得到满足，但如果伴侣的需求没有得到满足，你的需求也不可能得到满足。一旦你明白了这一点，我们终于在如何拥有幸福的伴侣关系上达成了一致。如果你不同意，我只能说祝你好运了。

你会了解到每个支柱都会受到日常问题的影响。如果你积极支撑，那么支柱就不会受到影响。如果你消极被动的承受，你甚至会对一根柱子造成损害。你的态度越消极，反应越迟钝，裂缝就会越多。裂缝越多，支柱就越薄弱。如果这四大支柱都很弱，你们的关系可能会瓦解。你的工作是确保你的桥梁上没有裂缝。

你可能会发现裂缝表达自我存在感的方式是伴侣的唠叨。如果你的伴侣一直盯着你，你猜怎么着，你有很多裂缝需要修补。当然，你可以忽略这些迹象，继续过着痛苦的、争斗的生活，直到生活变成一片废墟。

要明白，修复每一根柱子在一开始都需要和大量的关注和工作。把它想象成一座久未检查的桥。这不是一个短期项目。每根柱子都是独一无二的，需要特定的工具和技能来固定修复。我们将在下一章详细介绍该如何选择正确的工具来修复。

好消息是，这些柱子可以修复裂缝。深的裂缝需要时间，但只要使用正确的工具始终如一的细心修补，总有希望。希望是伴侣关系中最伟大的礼物之一。如果没有希望，你的伴侣早就离开你了。

因此，让我们深入了解伴侣的四个需求，并思考如何才能支撑起每一根支柱。在评估每根柱子累积的损害量之前先冷静下来，试着回顾过去的经历，寻找你可能忽略伴侣需求的细节。

平衡

PHONE

晚餐时关机

TEAMWORK

当搭档回家时，
只是让他们放松

黄金时间很关键
运动&业余爱好
需要平衡

不要试图解
决搭档的问题，
做一个好的倾听者

需求/支柱1：平衡/爱

不稳定的柱子会让整个桥梁摇摇晃晃，不平衡的关系也是如此。平衡意味着，当你的伴侣需要你的支持时，无论是做饭、打扫卫生、洗衣服、去杂货店购物，还是让孩子上床睡觉，你都可以帮助他们。如果经常是你的伴侣做这些事，而你发现他们已经筋疲力尽了，那么你应该主动提出帮助。修复平衡柱裂缝的关键是停止忽视你的伴侣，正如第二章所讨论的那样。

影响平衡关系的罪魁祸首

每个人都面临着平衡关系受到挑战的因素。我们将在下一章介绍日常可使用的工具。

- 家庭
- 朋友
- 习惯
- 健康
- 业余爱好&运动
- 小孩
- 发泄
- 工作

还有一些更复杂的问题，我称之为"包袱"问题，它们也会影响人际关系的平衡：

- 上瘾
- 沮丧
- 不知足
- 精神创伤

这本书涵盖了几个最常用的日常工具，了解更多工具和"包袱"问题，请访问
http://你是对的我是错的.cn

平衡的人际关系需要团队合作。鼓励你伴侣积极地评价你们的伴侣关系，并对关系健康充满信心。找到一个稳定的最佳状态有助于在关系中创造平衡、平等、安全和信任。当你能在你们的关系中找到平衡时，你可以说："我爱我的生活和我的伴侣。"两者是共生关系。

创造平衡意味着当你的伴侣在工作中受到重创，家庭中发生悲剧，或者感觉身体不适，你主动提供帮助。不要让你的伴侣向你提出这样的要求。主动的提出自己去接孩子，带他们去足球训练，做饭，或者做家务。不管是什么样的任务，都要全神贯注的去做。这将创造一个平衡的家庭和关系。

正是这种互让，使之成为一种伴侣关系。伴侣关系是双向的，有着阴阳两面。阴阳可能是最著名的哲学，两个一半加在一起就是一个整体，也标志着变革的起点。

举个例子：周六晚上你举办晚宴，有25个朋友会来。这是伴侣关系表现最好的时候。你和你的伴侣各有分工，一切都很顺利。这是良好伴侣关系的实操。你的伴侣布置好房子，开始招呼客人，而你则放上音乐，开始烧烤。晚餐结束后，一人洗碗，另一个人准备咖啡。当一切都结束时，你身心俱疲，但在整个过程中压力相对较小，也享受了美好的一次晚宴。所以别找借口说达不到这种平衡的伴侣关系，你只需要保持这种状态就可以了。

要问自己的问题是：是什么阻碍了你们的伴侣关系达到这种平衡？你认为当你沉浸在你的爱好或运动中时，会有平衡吗？保持身材是一回事，但如果你每个周末都在保龄球或垒球联赛、足球、高尔夫或其他活动中打球，回家有专注于一场又一场比赛，在晚餐时为你喜欢的棒球队或足球队欢呼，那么你就没有时间保持伴侣关系的平衡了。如果在周日早上，你一边听体育评论员的讲解，一边休息，就没有时间给你的伴侣了。这不是一种平衡的伴侣关系。一段关系中，必有牺牲，别总让伴侣牺牲。

在第二章中，我解释了一段关系中第一个错误就是忽视伴侣。这对柱的平衡有直接影响。所以，你的工作就是确保你伴侣的平衡支柱在日常事务中不会受损。

对等

倾听搭档的声音

共同承担责任

相互决定
开诚布公
交流

需求/支柱2：平等

在一段关系中，平等意味着你尊重你伴侣的想法、意见和建议，确保你的伴侣有发言权。你的伴侣认可你为他们做的事情。作为回报，你要感谢你的伴侣为你所做的一切。如果你的伴侣与你坦诚相待，相互尊重就意味着你们要以同样的方式行事。推己及人，善待伴侣。只有这样，你才能走上平等伴侣关系的道路。正如第二章所讨论，修复平等支柱中的裂痕的关键是停止在伴侣关系中"理所应当"的态度。

影响关系平等的罪魁祸首

以下是一些日常发生的问题，如果处理不当，可能会影响你们的伴侣关系。我们将在下一章介绍日常可使用的工具。

- 争论
- 避免冲突
- 信任
- 缺乏感激
- 互相尊重
- 自私
- 责任共担
- 噪音

影响平等的"包袱"工具是：

- 承诺
- 保持比分
- 互相依赖
- 怨恨

这本书涵盖了几个最常用的日常工具，了解更多工具和"包袱"问题，请访问
http://你是对的我是错的.cn

平等的对立面是不平等。当你不同意你的伴侣所说的话时，随意打断他们，就是不平等的体现。认为所有的决定都需要通过你的来决断就是不平等。你的伴侣在朋友、家人或客人面前如坐针毡；当你大喊大叫、摔东西或冲出房间来表明你的观点的时候就是不平等。不平等就是在讨论问题时，说对方"你不懂"。

双方都必须愿意服从并实践我所说的合作行为，以避免"理所应当"的心态。再说一次，此时你必须把过高的自尊心放下。

通常是你的伴侣做饭吗？假设有一天晚上你回家，你的伴侣不在家。你的第一反应是什么？如果你的回答是打电话给你的伴侣，问他们什么时候回家做饭，那你就输了！如果你的答案在做晚餐前，拿一杯啤酒，然后打开游戏，你就赢了！开个玩笑而已。你也会输。答案是进厨房做饭，就像你的伴侣会做的那样。

房子里没有食物和杂货吗？你坐上你的车，去杂货店买呀。然后你回家，看着食谱做晚饭。如果你够聪明，当你的伴侣回家时，你会说你想念他们，亲吻他们，然后端上晚餐。做完后，把所有东西都清理干净。这就是平等，这就是伴侣关系，这就是爱。你就赢了！

平等就是尊重，伴侣的需求和你的需求同样重要。推己及人，善待伴侣。当你和朋友外出时，如果你不同意你的伴侣所说的话，也不要打断他们说话。让你的伴侣说完。没有人愿意被打断、被贬低。分歧不一定以大喊大叫、拳脚相对告终。阴阳合一，相互协调。一半的一半，而不是你占75%对方占25%，明白了吗？

大喊大叫是过去养成的坏习惯，不应该继续下去。它将导致功能失调。我们是为了创造一个更好的伴侣关系环境，更好地了解你的伴侣，你要提前预料到他们的需求。这真的是有可能的。我已经证明了这一点，这让我的伴侣很生气，因为我太了解他们了。当你达到这个目标时，伴侣会向朋友亲人夸你，因为你就是那个真爱之人。

安心

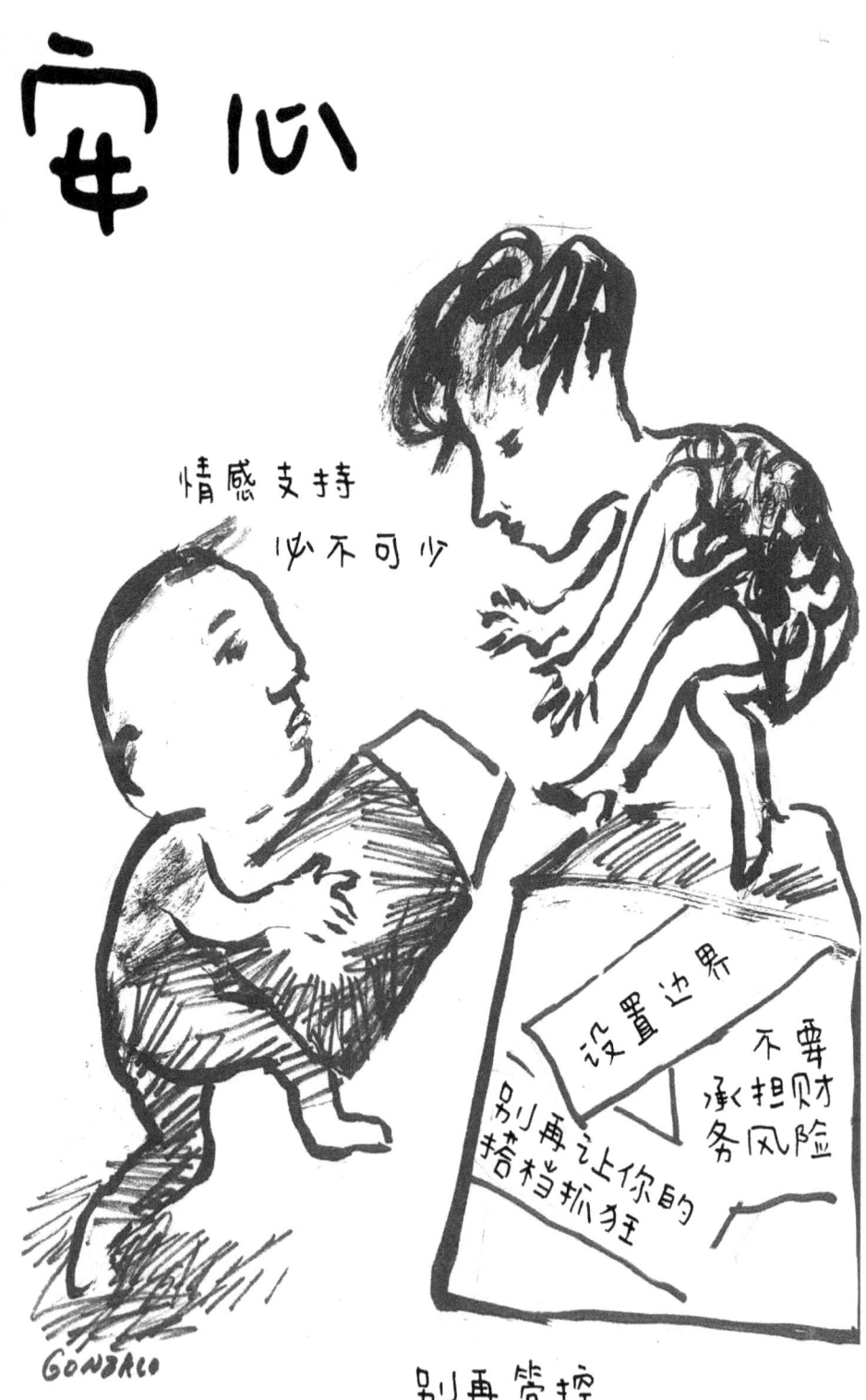

需要/支柱3：安心

当伴侣能够做自己，坦诚地交流，在情感上感到安全时，他们在关系中就会感到安全。伴侣关系中缺乏安全感可能会带来复杂的情况，比如怀疑、困惑、嫉妒和悲伤。正如第二章所讨论的，修复安全支柱裂缝的关键是停止在伴侣关系中设定错误的期望。

影响关系安全的罪魁祸首

以下是一些日常问题，如果处理不当，可能会影响你们的伴侣关系。我们将在下一章介绍日常工具。

*   **情感支持**
*   **感到被爱**
*   **财务**
*   **嫉妒**
*   **操纵**
*   **压力**
*   **脾气**
*   **体重**

影响关系安全的"包袱"问题是：

*   **辱骂**
*   **财务**
*   **原谅**
*   **自尊心**

这本书涵盖了几个最常用的日常工具，了解更多工具和"包袱"问题，请访问
http://你是对的我是错的.cn

让你的伴侣在各个方面都感到安全应该是你的人生目标之一。如果你曾经与另一个人调情或过于友好，这可能会给你的伴侣定下嫉妒的基调。如果你一直在浪费金钱，你可能会激发伴侣对财务安全的需求。

当伴侣在一段有你全力支持的关系中，才会有安全感，有助于保持心理和情绪的平衡。"依靠你的伴侣"这一术语在固定或维护"安全支柱"方面既有比喻意义，也有字面的含义。这意味着你在精神上、身体上和情感上都在倾听并与对方交谈，共同度过了难关。

如果你的伴侣在你们的关系中缺乏安全感，那是因为你定下了基调。你听到这句话的第一反应可能是不同意。下一步，你可能会带有防御性，甚至愤怒或沮丧。可那是真的呀。这些小小的挖苦、侮辱和不满的评论可能会影响你的伴侣在你们的关系中的安全感。

例如，你知道你伴侣的体重会让他们感到难为情，但你仍然会说一些玩弄他们情绪的"俏皮话"。或者当他们花了几个小时逛街购物，回来问你的看法，你却说你都不喜欢。这一切都对你伴侣的安全感有一定影响。你完全掌控着局面，要么夸赞你的伴侣，让他们感到被爱，或者贬低你的伴侣，让他们感到难为情和意识到自身的不足。这就是为什么你要为自己的回应不够明智而受到责备。消极的评论是你单方面地在你伴侣的"安全支柱"上引发裂痕。

此外，当你和你的伴侣意见不合，你开始在朋友面前贬低你的伴侣时，你就是他们尴尬和不安全感的罪魁祸首。因此，下次再出现这种情况，再继续恶化之前，请尊重你的伴侣，好好的和对方谈谈。

要想让你的伴侣感到安全，就需要财务安全。例如，你存了一大笔钱，现在你想把钱拿去投资，但你的伴侣觉得这很冒险。这是一个敏感的问题，因为它影响到你的理想需求。你的伴侣觉得你应该把它投资于更安全的地方。这就是进退两难的局面。如果你采取行动，你会触发你的伴侣对安全的需求，如果你不这样做，你就会触发你的喜好需求。这就是你关于妥协和沟通的课程开始发挥作用的地方。记住，这需要你学会如何给予和索取。有时候，你可以让你的梦想实现，有时候，你必须帮助伴侣让他们梦想成真。你要提供伴侣关系中的安全感。

需要/支柱4：信任

如果没有信任，那你们之间到底还有什么？

信任是成功关系的基础。缺乏信任就会导致伴侣关系摇摇欲坠。信任是最关键的关系需求。可以将"信任支柱"视为承重支柱，当其损坏时，可以同时影响所有支柱。欺骗让你的关系桥梁摇摇欲坠。正如第二章所讨论的，修复信任支柱裂缝的关键是避免谎言和秘密。

影响信任关系的罪魁祸首

以下是一些日常问题，如果处理不当，可能会影响你们的伴侣关系。我们将在下一章介绍日常工具。

* 界限
* 正直
* 亲密关系
* 生活方式
* 关系动力
* 质疑
* 技术
* 谎言

影响信任关系的"包袱"工具有：

影响信任关系的"包袱"工具
* 抛弃
* 断联
* 双重生活
* 严重谎言

这本书涵盖了几个最常用的工具，了解更多工具和"包袱"问题，请访问 http://你是对的我是错的.cn

就像尊重一样，信任也必须是相互的。你应该信任你的伴侣，如果没有信任，对你伴侣的怀疑就会悄悄出现。信任会给你们的关系带来自由。当信任不存在时，消极的猜测会导致不安全，从而限制你们的伴侣关系。不信任会深深地影响到关系的核心。这就是为什么当问题出现时，伴侣可能会变得控制欲过强。善意的谎言远不止谎言那么简单。它们是欺骗的标志。这就是为什么善意的谎言可能会演变成一场严重的争吵。

没人喜欢被蒙在鼓里。谎言侵犯了信任。当伴侣的信任遭到破坏时，要重新赢得信任可能是一件很困难的事情。有些关系从一开始就相互信任，直到某些事情破坏了这种信任。一些人在他们的关系中反向操作，随着时间的推移逐渐建立起信任。在后一种情况下，信任是在一段时间内赢得的，并经得起考验，然后双方才能毫无疑问地说出"我信任你"。

让我们回想一下在你的生活中，你的伴侣试图哄骗你，说了一个善意的谎言的时候。你为什么会怀疑呢？因为你看出来他们有所隐瞒。询问已经知道的问题，来观察对方的回答。我们将其称之为"善意测谎"吧。每隔一段时间就会有这样的测试，以检查伴侣的诚实度。如果你回答正确，生活就很美好。如果你回答错误，伴侣就会保持警惕，进行额外的测试，甚至检查你的手机和电子邮件。那时，这段关系就岌岌可危了。

你要知无不言言无不尽

把一切都告诉你的伴侣，开诚布公。如果你的伴侣出于任何原因感到不安全，而你也没有什么可隐瞒的，敞开心扉是让双方重新获得信任的最快方式。允许你的伴侣查看你的电话和电子邮件。这会让你的伴侣安心。这将解决任何疑虑。如果你这么做了，你就能重获自由。

你需要记住的一个教训是：如果你和伴侣在同一个房间，做任何你不应该做的事情都是错误的。换句话说，如果你的伴侣站在你旁边，你会给那个人发短信吗？如果答案是否定的，那么这么做就是错误的，你已经越过了界限，进入了灰色地带。你是不是给同事发调情短信，给别人提供私人信息，或者和前任通信，而你的伴侣却不知道？那就停下来。你所做的一切都是在违背信任，你会失去你的自由。

让我们来谈谈另一种信任吧。当你完成一项家务，比如安装管道、修理汽车时，要明白你的伴侣在看着你，当你完成这些项目时，你会获得奖励并建立信任。项目越复杂，你获得的奖励就越多。另一方面，当你没有完成项目或做事草率，你猜怎么着？即使你完成了任务，也没有奖励，还会失去伴侣的信任。你的伴侣甚至会对你说"我不能信任你"或者建议你说，"你为什么不雇别人来完成这项工作呢？"一项工作耗时越长，你的伴侣就越会质疑你完成这项工作的能力。令人疯狂的是，大多数人并不将信任问题等同于未完成的项目。言必行，行必果。努力做好每项任务，这样你的伴侣才能信任你。

重新开始按钮

第3部分:
重新开始你们的伴侣关系,回到你们相遇的时候和相爱的地方

关系平衡的日常工具

第7章： 日常协调关系的工具

你应该听说过阿尔伯特·爱因斯坦的名言："疯狂就是一次又一次地做同一件事，期望得到不同的结果。"你没有疯，所以现在是时候改变你正在做的事情，这样你的关系才能得到更好的结果。

现在你已经走到这一步了，让我们开启关系的修复之路。但是在我们开始讨论这些工具之前先放松一下吧。去跑步，冥想以及任何你需要做的事情来释放压力，对你伴侣的负面想法，或者只是生气。让自己休息一下，这样你就可以精神焕发地积极使用这些工具。

这就是你一直在等待的部分：修复沟通的工具。从哪里开始修复你伴侣的四根支柱呢？现在应该非常简单了。本章将给你一些日常问题的例子，列出你和你的伴侣需要考虑的问题，以及可以做出实际改进的工具。

本章介绍顶级问题。更多示例、工具和建议，请访问
http://你是对的我是错的.cn

这些问题是一个顿悟的机会。你可能会对你伴侣的回答感到惊讶和着迷。记住，这些问题是为了对彼此更加了解，而不是对彼此的评判。无论你觉得你和伴侣的答案是好是坏，无论你同意还是不同意，这些问题都会帮助你们回归到修复或更好地维护伴侣关系的目的。

如果你开始觉得受到伤害，并对你伴侣的评论感到不满，那就退一步，以后再解决。事实上解决问题，可能会带来过去的怨恨和痛苦。这是修复过程的一部分。你必须承认并修正过去，这样你才能在未来建立更好的伙伴关系。一次处理一个，直到完全修复。

让我们开始吧！

朋友

同一个频道

搭档喜欢你的朋友
同时他们尊重你的个人空间
朋友也可能是需要的、苛刻的、不讲理的和自私的，
这会让你的搭档不喜欢他们。

平衡友谊

如果你们无法达成共识，就无法一直携手走下去。

友谊让人们感到快乐。朋友会帮你处理压力，做出更好的生活选择。朋友会让你保持克制。他们让你脚踏实地，鼓舞你的士气。

若你的朋友尊重你的个人空间，讲道理，有趣，这会让你的伴侣很容易接受他们。你的朋友可能过于依赖、刻薄、不讲理并且自私，这会让你的伴侣不喜欢他们。希望你不会有在不正常的时间打电话给你强势要求你和其交谈的朋友。

如果不小心处理，朋友最有可能毁掉一段关系。为什么？因为多年来建立起来的纽带和信任。朋友会让你的伴侣对艰难决定做出判断。听朋友的建议而不听伴侣的建议是自找麻烦。
同样，看看你和朋友爆了多少料。向朋友寻求建议是很自然的事。但是太多的朋友意见可能会对你们的伴侣关系造成威胁，特别是在一些应该保密的问题上。

那么，你和伴侣的好友是竞争关系吗？不。你应该接受并确保你和你的伴侣在如何和朋友相处上达成一致意见。

但有时友谊会失衡或越界。如果发生这种情况，你可以抱抱你的伴侣然后说，"你是对的，我错了。"

向你和你的伴侣提出的问题：

你喜欢我的朋友吗？

我们是否会在和和各自朋友打电话或相处的时间上作出让步？

我们和朋友分享的信息是否有界限？

我们的朋友有没有突破过我们的界限？他们会让我们做让我们后悔的事吗？

我们是否有过于依赖的朋友？

我们的朋友过多参与我们的私生活了吗？

我们的朋友会突然出现？你有没有希望他们不会，但你什么都没说，或者为他们找借口？

我们的朋友是不是太过依赖我们了？

我们的朋友是否在利用我们？

我们有没有拒绝过朋友？

你认为朋友给出建议不好吗？

你认为朋友刻薄还是报复心强？

你认为我们能抛弃那些不利于我们关系的朋友吗？你认为我们会优先考虑对彼此的承诺而不是对友谊的承诺吗？

平衡友谊的工具：意见统一

当谈到朋友时，真正的问题是，伴侣可能会觉得他们总是在与你的朋友竞争，无论是在时间上还是在注意力上。这可能会在伴侣内心产生怨恨。

第二种情况是如果你的伴侣不喜欢或不接受你的朋友。老朋友也会觉得他们是在和你的伴侣竞争。这可能意味着你的伴侣希望你和朋友断绝关系，或者如果你的朋友觉得受到威胁，他们希望你不要和这个伴侣在一起。这会给你们的关系带来戏剧性的影响。

同频工具就是大家敞开心扉的谈论交友问题，无论是伴侣还是朋友。毕竟，你的伴侣应该是你最好的朋友。一旦你了解了真正的问题，你的工作就是消除这些问题。

行动项

就友谊应当怎样融入这段伴侣关系进行沟通

是时候重新定义友谊了。双方都应该清楚地认识到朋友如何融入伴侣关系，应该花多少时间和朋友在一起，以及朋友在这段关系中的参与度。与伴侣就友谊和朋友的重要性问题进行交流也很重要。如果是你需要朋友，你和你的伴侣可以寻求和解，达成一致。

当你觉得你的伴侣越界了，和你的某个朋友气氛剑拔弩张。之后再与伴侣私下讨论为什么会发生这种事，并就如何确保这种事不再发生达成一致。

与朋友一起设置规则是同频工具的关键部分。当你的伴侣认为你的朋友们越界，或者你的伴侣认为你和朋友一起喝太多酒，或者你和朋友出去玩回来的时候都很晚了，或者你与朋友一起花钱大手大脚，或者你的性格变得更糟时，制定规则是至关重要的。

如果你的朋友曾经觉得他们可以随时来拜访你，或者他们的意见对你的伴侣很重要，那么制定规则是必要的。当朋友跨越边界时，请思考他们是否值得交往？要明白，控制你的朋友是你的工作，而不是你伴侣的工作。换句话说，你必须成为这个"坏人"，而不是你的伴侣。

如果你的朋友侮辱你的伴侣或不尊重你的伴侣，那就需要停止这段友谊。要明白朋友在你们的关系中真的没有发言权。这不是他们的职责所在，也不是他们发表评论或作出判断的地方。只有一个解决方案。你需要为你的伴侣挺身而出，让朋友们知道这样的事情不能再发生了，否则我们的友谊就结束了。当他们不尊重你的伴侣时，他们也不尊重你。

当你的工作和生活安排得满满当当，而你的伴侣几乎没有时间和你在一起时，你怎么能优先选择和朋友出去玩而不是陪着伴侣呢？当你没有那么多精力时，可以取消每周的保龄球比赛。真正的朋友会理解的。给朋友分配好时间。公平起见，首先要记住伴侣。

坏习惯

习惯是一张舒适的床，容易陷进去，但很难出来。

坏习惯有两种：行动和态度。每个人都有坏习惯，伴侣们忍受了很多。正是在那些不堪重负的日子里，坏习惯会激怒你的伴侣。

行动坏习惯是我们都知道的习惯，我们都曾犯过这样或那样的错误。比如：搞卫生马马虎虎，张着嘴吃饭，或者粗心大意的行为，比如把盘子堆在水槽里，把马桶盖竖起来或者在没有告诉伴侣的情况下动了他们的东西。在谈话中打断你的伴侣，或者对你的伴侣想做的事情说不，也可能是坏习惯。这些都会让你的伴侣抓狂。

另一种行动坏习惯是长时间打电话，甚至更糟，边打电话边吃东西，沉迷于社交媒体，沉迷电视，或者在伴侣需要你的时候玩电子游戏。

态度坏习惯包括不做家务，为性生活减少或没有性生活找借口，或者认为自己永远是对的。这是一些小事，比如忽视你伴侣的意见，或者在早餐或晚餐时保持沉默，不与伴侣互动。随着时间的推移，这些日常生活中的小烦恼会累积起来，会变成一个大问题。

那么，你什么时候开始相信那些坏习惯是没问题的？理解人性：如果一开始你做的那件事让你的伴侣感到困扰，我向你保证，现在仍然困扰着他们；你可能只是没有再听到。如果坏习惯已经失控，你应该认识到这个问题并且承认自己的错误，然后说："你是对的，我错了。"

向你和你的伴侣提出的问题

我们有不注意卫生吗？我们有没有因为口臭、地上到处是头发、不经常洗澡、有难闻的气味或穿脏衣服而让彼此的生活变得不那么愉快？

我们彼此体贴吗？我们生活中的问题有没有解决？例如：把马桶座圈竖起来，把牙膏盖打开，物品用完了没有及时更换，互相拌嘴，随处乱丢东西。

你有没有要求我的问题，我还没有及时改变的？例如：抱怨太多、消极、不参与家务或处理家务、过多谈论工作、认为我的工作比你的工作更重要、错过与朋友或家人的会议。

我们是否有不良的态度习惯需要改变？例如：拖拉，经常迟到，对你的要求不上心。

我们有没有试着改变我们彼此都知道的困扰对方的坏习惯？如果我们不能改变，我们还能做得更好吗？

对方有没有一个坏习惯，让自己很烦恼？

如果你要求我停止做某事，我可以停止吗？

解决坏习惯的工具：停下来

从列出你想要改变的坏习惯开始。现实是，如果你做的事情让你的伴侣感到烦恼，为什么你不试着做得更好呢？坏习惯需要努力去改变，这可能会很难，但这并不是不可能实现的。加油工具就是对自己说，"你很聪明。你知道是什么困扰着你的伴侣。现在，努力去改变它吧。"

行动项
和解
放手吧，使用21天法则，开始改掉让你的伴侣烦恼的坏习惯。

让我们用21天规则来改掉你的坏习惯。这是一个古老的规则，如果你在21天内应用一种新的行为，它就会成为常态。写下提醒。在镜子或日历通知上贴上贴纸，提醒自己。想出一些切实可行的方法来远离周围的诱惑。如果你在电话上花的时间太多，那就在用餐时把手机放在抽屉里——眼不见为净。连续21天每天思考你的进展，适当调整。经过21天的努力，如果你勤加练习，就会养成好的新习惯。

要知道，当你忙碌或疲倦时，你的坏习惯会悄悄蔓延回来。发生这种情况时，重新审视。为了尽可能多地改变坏习惯。要有始终如一的专注，坏习惯就会随着时间的推移渐渐消失。

奖励制度给消除不良习惯提供了极好支持。最简单的奖励制度可以从你的伴侣入手。你的伴侣可以用很多方式奖励你，比如奖励你整个周末和朋友一起打高尔夫球，或者玩几个小时的电子游戏，或者和朋友出去旅行。奖励的设置需要双方进行讨论、约定和尊重。

基于一种态度的习惯，比如拖拉，总是迟到，对家务活动或者家庭事件检查，这对你的伴侣是不公平的。你可以使用同频工具。试着理解你为什么要这么做。这是纯粹的自私，还是你没有时间？这是不公平的，会造成一种不平衡的伴侣关系。当你不关心他们的感受时，你怎么能有一个尊重你的幸福伴侣呢？最终你将得到一个积聚着怨恨和压力的沉默伴侣。

想用好习惯取代坏习惯。列一张想要改变的坏习惯的清单。现在让我们再列一张好习惯的清单。让你的伴侣知道你想要养成的好习惯，无论是大事还是小事。当努力养成清单中的好习惯时，你的伴侣会知道你在努力变好。随着时间的推移，你会发现你的好习惯会逐渐驱逐你的坏习惯。

爱好和运动

为了一季球赛而破坏这段伴侣关系。

爱好和运动是一种很好的消遣，是生活中必不可少的一部分。但如果你太过于投入的话，这些行为可能会失控，这对你的伴侣不公平。如果你花太多时间在这些活动上，而没有足够的时间与你的伴侣在一起，他们可能会觉得他们在与你生活的另一部分竞争。谁都不想这样。

那么，当谈到爱好和运动时，你会平衡其与伴侣的关系吗？如果你把闲暇时间都花在运动或爱好上，那就是不平衡的。更糟糕的是，你可以记住所有关于球员的数据、薪水和日期，但忘记了你们的周年纪念日、孩子的出生日期，或者直接忘记伴侣。这绝对是一团糟，而且情况远比你想象严重。

如果你的情绪为比赛比分所左右，那么体育运动可能会破坏你们的伴侣关系，特别是当你因一场比赛比而对伴侣更情绪化的时候，情况会更糟。

那么，谁负责所有的购物，照顾家庭，洗衣服？是你的伴侣！那么伴侣关系中的平衡和妥协在哪里？

爱好和运动跨越了界限。如果发生这种情况，承认问题并积极改变，然后说，"你是对的，我错了。"

问你和你的伴侣的问题

我们是否在我们的关系和对爱好或运动的关注中找到平衡？

我们是否曾经因为爱好或运动耗费了太多的时间或精力而忽视了彼此？

我们曾经因为爱好或运动而食言了吗？

我们是否通过我们的爱好和运动让彼此以健康的方式放松？

我们有没有在业余爱好和运动上花了多少时间这一点上对彼此撒谎过？

我们花在爱好和运动上的时间比对方知道得更多吗？

我们是否曾经利用爱好或运动来脱离或逃避这种伴侣关系？

我们有没有强迫对方停止体育或业余爱好活动？这会让自己生气吗？

我们对爱好或运动的期盼比相互陪伴更重要吗？

我们是否让我们的运动兴趣支配我们的情绪？当我们的球队获胜或失败时，会影响我们的情绪吗？

我们周末是不是都在看体育比赛，而不是相互陪伴呢？

我们有没有为了体育赛事而忽略了家庭义务？

解决爱好和运动问题的工具: 现实

如果你真的需要看比赛，那么你首先需要履行你承诺的责任。如果你需要在周六早上打两轮高尔夫球，至少完成一项家务，然后向你的伴侣索要"免费通行证"。早起完成任务，自由就属于你了。现实工具是多任务、时间管理和奖励的综合，可以达到互惠互利的效果。

能够区分轻重缓急并与你的伴侣达成妥协是成功伴侣关系的重要组成部分。如果你认为你的爱好和运动是你生活中重要的一部分，那么首先要确保你伴侣的需求得到满足。运用现实工具来达成相互平衡的目标。

先问问你的伴侣要做的重要事项。写下要做的事务，再向伴侣却是否还有其他事情。当你第二次问他们的时候，他们会记住所有这些小事。这样做的目的是让你的伴侣充分想到需要做的事情。

通过时间管理和提前计划，组织和计划所有家庭事务，想一想完成这个项目所需的所有工具和材料。每次出门购买所需的所有物品，可以节省时间，提高效率。

行动项
问这个问题
你能不能集中用几个小时的时间，
完成一些家务清单。

最重要的是，完成你写下的项目。如果你想多线并进完成多项任务，这没问题，因为这很有意义，但一定要谨记，要保质保量完成。完成后，请你的伴侣检查一下，并听取他们的意见。这会建立信任，让你的伴侣感觉你们是一个团体。也会增加你们相互的爱意。当你更换旧门把手或粉刷车库墙壁时，伴侣会感到很暖心。根据我的经验，先完成最简单的事情时，会激发你完成剩下清单的动力。

现实工具的另一个部分是奖励机制，你每花两个小时完成家务清单，就可以要求有一个小时的游戏时间。

假设清单上有40个待完成项目。先处理10个简单的项目，这些都只需要不到30分钟的时间就能完成。然后在那个周末，按每个项目写下时间表。比方说你早上8点开始，在每一项上标明你希望完成的时间。当你到了你说要做完的时候，时间来不及了，也不要放弃。完成全部十个项目。在接下来的十个项目，改进你的日程安排，慢慢的熟练生巧。

每当你完成十个项目，让你的伴侣检查。他们会发现问题，但没关系。有时候，当你退后一步，你就会意识到他们是对的。别争论，直接重来一次，毕竟只有做对了才算完成了。

当你完成全部40个项目时，可能需要一个月的时间，但我向你保证，你会发现你的伴侣在给你娱乐时间的态度上会发生转变。

所以，从现在开始，成为自己的主人，掌控自己的人生。最后，你将收获爱、友谊、信任，最重要的是真切的伴侣关系。

平衡工作

**你不应该只通过工作来寻找幸福。
没有伴侣陪伴的工作是孤独的。**

你是工作狂，还是你会平衡工作和生活之间的关系？如果你是一个每周在办公室工作80小时的工作狂，或者你回家后想抱怨你的老板或同事，要知道职业选择往往会影响你的伴侣关系，甚至毁掉它们。回到家里谈论工作很正常，但不能仅是发泄消极情绪。

你认为把工作比伴侣关系更重要吗？若是你最近总是缺席伴侣活动，比如去看电影，拜访朋友，或者只是享受在一起的时光，你可能会给你们的关系带来不必要的压力。

如果你晚上和周末总是加班，或者频繁的把工作带回家，那么你们的关系很可能会变得紧张。如果你在划分工作和个人生活方面有困难，你可能还没意识到你总是和伴侣谈论工作。若你和伴侣除了工作没什么可谈的，那就有问题了。

如果你的伴侣厌恶你的工作，并希望你辞职，这可能会在其他方面表现出来，你的伴侣可能会变得不耐烦或更暴躁。如果你把工作压力带回家，你可能会在其他事情上向你的伴侣发泄。与伴侣突然爆发争执就不是巧合。

工作会跨越界限，若真是如此，请承认这个问题并对伴侣说："你是对的，我错了。"

问你和伴侣的问题

我们花在工作上的时间和精力是否合理吗？

我们是否曾经因为工作而忽视家务或责任？

是工作控制了我们的关系还是给我们的关系施加了太多的压力？

我们会平衡家庭生活时间和工作时间吗？

当我们必须把工作带回家的时候，我们是否设定了公允的边界？

我们一起在家时，是不是谈论太多工作？

我们是否抱怨对方周末加班或者工作太晚？

我们在非工作时间，仍对工作感到有压力吗？压力是不是从我们的伴侣关系中偷走了时间和精力？

当我们应该彼此享受时光时，或者当我们和家人或朋友在一起的时候，我们有没有沉迷工作？

我们有没有因为工作而取消其他个人优先事项？

我们是否曾经以工作为借口逃避回家？

我们是否工作很忙，所以很少有时间和家人或彼此在一起？

工作：信守诺言

工作阻碍了生活的平衡，因为在很多情况下，一份工作或职业给人一种目标感和成就感，从而达到自我满足。有时完成工作相当急迫，让人很容易陷入这种冲动的势头。你说你一个小时后到家，结果三个小时后才回来。

信守诺言工具可以帮助你在伴侣关系中保持平衡，表现你的正直、忠诚和值得信赖，你是伴侣可以信赖的人。你给伴侣设定了现实的期望，然后达到这种期望。

行动项
做出正确的抉择
当你说你要做一项活动或在某个特定的时间待在家里的时候，保持一周都这么做。

从看似简单但又很难做的事情开始：信守诺言，守时回家。就这么简单。把每晚都看作是你不想错过的游戏之夜，就不会再迟到了。

如果你是那种忘记时间的人，可以在你的工作日历做记录、或者在智能手机或手表上设置闹钟。如果你还仍然感觉很难，让你的伴侣给你打个电话，提醒你时间。最重要的是信守诺言。

回家后，关掉手机。如果你的同事不懂把握分寸，告诉他们除非有紧急情况，否则不要在工作时间结束后打电话给你。如果你有工作要完成，而你的伴侣需要你，那么第二天早上早点起床，把工作做完。

由你来平衡你的工作量。有些业务是周期性的。一份工作的紧要关头可能会在一段时间内影响你的伴侣关系。如果这听起来像是你的工作，最好的办法就是和你的伴侣坦诚相待。当紧急工作结束后，让一切恢复正常。确保你们在共同的长期和短期目标上是一致的。如果你的计划有变，那就说出来吧。无论何时何地何种情况，都要信守诺言。

信守诺言意味着你可以用另一种方式来弥补和伴侣在一起失去的时间，可能会早点去工作，或者换一天加班，除非你在工作中也出现时间管理的问题。

养成使用"遵守诺言"工具的习惯会迫使你将心态从工作转向更积极的建立伴侣关系。记住，你的伴侣也需要你。利用这种攻击，可以帮助你以一种压力更小、效率更高的方式来处理工作。

第8章：日常平等关系的工具

别再吵了

你是想做那个对的人，还是更愿意做快乐的人？

如果本周你就所有重要的事情征求伴侣的意见，并在可能的情况下听取并采用他们的意见，会怎么样？如果你这周每晚倾听伴侣的问题，不干扰对方表达自己的想法，那会怎么样？如果你顺从对方的意见并照做会怎么样？如果你的伴侣倾向在你心烦意乱或争吵时，加重情绪恶化，对这段关系而言是有害的。不仅如此，从长远来看，这也不利于建立健康、有意义的关系。

在两性关系中，争论和偶尔激烈的辩论是正常的。当这些争执演变成全面的争论时，它们可能很快就会失控。放任某事和彻头彻尾的恶意有很大区别。如果在互相责备或在激烈的争吵中贬低对方，这是不健康的伴侣关系。

你会因为你的伴侣没有尽到他们应有的责任而争吵吗？家务活和日常活动需要得到解决和投入。没有理由把这些问题发泄到你的伴侣身上。

你们经常为财务问题争吵吗？也许一人花钱大手大脚，另外一个人是铁公鸡。如果你的资金不足，情况会更糟。与金钱有关的问题经常被认为是分手的主要原因。为钱而争吵意味着你和你的伴侣不在同一个频道。

朋友和家人的问题也会引起更多的问题。这一领域涉及到如此多的情感因素，它对人们的影响是不同的。所以，当伴侣不喜欢朋友或家人，或者认为他们过多地介入你的生活时，这就是个问题。

可能需要很长时间来克服猜忌。围绕这些问题的争论可能会造成重大问题，并可能越界。如果发生这种情况，你可以坦诚接受，然后对伴侣说，"你是对的，我错了。"

问你和伴侣的问题

我们是不是争论得太多了？

通常是我们中的一个人在争论中占主导地位吗？

我们通常是在其中一个人做出决定后才结束争吵的吗？

在我们争吵之前或之后，我们会不会觉得我们之间的联系变得不那么紧密了？

我们会为愚蠢的问题争吵吗？

我们争吵是因为有一方没有如对方所愿待在家里吗？

我们吵架是因为我们其中一个人的付出比另一个人少吗？

我们会因为花钱太多或在我们没有达成一致的事情上过多争吵吗？

我们会因为关系中的浪漫太少而争吵吗？

我们会为满足我们的需求而争吵吗？

我们会为彼此的坏习惯争吵吗？

我们会争论关于家人或者朋友的问题吗？

你会为自己在工作上花多长时间而争执吗？

减少争吵的工具：说对不起

说"对不起"对治愈争吵带来的隔阂和伤害有很大帮助。表达抱歉的关键是要记住，你并不是在为错误而道歉。你是在为没有和对方站在同一立场而道歉。

你知道还有什么比回家时遇到一个想要你在身边的伴侣更重要的吗？如果你争吵太多，也许你的伴侣并不像你想象的那样想要你在身边。所以问问你自己这个问题：我是不是争论得太多了？

你似乎知道所有的答案，并且相信自己永远是对的吗？如果是这样的话，要明白这意味着你认为你的伴侣总是错的。所有这些都会给你的伴侣一个断绝关系的理由。试着回想一下有时你认为你是对的，结果却发现你伴侣的选择更好。在很多情况下，我伴侣的决定都是正确的。

行动项
问自己这个问题
你一定就要是对的吗？一定是这样吗？

要明白完成一项艰巨的任务，可能有不止一种方法。当我有疑问的时候，我会提醒自己自省，到底是想要快乐还是做对的那个人？当你做得太过分的时候，记得说"对不起"。这是一个简单的工具，但可以创造奇迹。

用愤怒来回应愤怒会加剧紧张，使解决任何问题都变得困难。这只会让情况变得更糟。所以，不要因为争论而把形势搞得更僵。如果下次争论变得激烈，让你的伴侣知道你需要时间冷静下来，以便继续理性的谈话。关键在于如何掌控局面。

更糟糕的是与你的伴侣当众争吵。这对任何人来说都可能是耻辱的，而且是完全错误的。永远不要在公共场合向你的伴侣提意见。私下处理任何负面的事情。把这一点讲给你的伴侣听，并双方都坚持这一项原则。你可以使用眼神交流或肢体语言来表示异议，这可以让事情保持在可控范围内，并方便以后私下讨论。

要明白，当涉及到争论时，你需要选择你的武器。成功的伴侣关系处理问题的角度应该是，在重要议题上应该有舍有得。

争吵很容易陷入僵局。说"你总是"或"从不"这样的话只会让争吵升级。退后一步，换位思考。如果伴侣对一个问题有强烈的看法，而你其实是无所谓的态度，但是自尊心阻碍了你，那就顺其自然，遵从对方的想法吧。你会睡得更好的。

骄傲是一件好事，但骄傲也会扼杀一段伴侣关系。它在你和你的伴侣之间制造了一个不可逾越的鸿沟，破坏了亲密关系，侵蚀信任，剥夺了你与伴侣的和平。在家里，做到谦逊、尊重、有爱心、有关怀，没有强烈的辱骂和争辩的冲动，争吵时也不要固执己见。

前一天伴侣在争吵时说的话还是让你很伤心，就给自己一些喘息的空间。太频繁地提出争论只会陷入僵局，而不是解决问题。适时地道歉就可以很好地处理问题。

各执己见

尊重

尊重各
自空间

价值

性生活

养育家庭

136

差异

世界上最美好的感觉就是被爱的人所需要。

沟通信任关系并不容易，但爱情是疯狂的。尽管如此，即使在最忠诚的伴侣之间，不同的价值观也会挑战你们的关系。

与伴侣讨论不同的价值观，是否冒犯了你的伴侣？当这种情况发生时，他们会让你知道你已经越过了那条线。在此如何处理就很关键。

局势可能失控。在社交媒体上发布推文或评论是一回事，但一旦你在自己家里越界，就是一个很现实的问题。

和一个价值观与你不同的伴侣在一起，可能会变得压力很大，甚至是不堪重负。要建立一个强大的伴侣关系联盟，你们需要积极参与彼此的生活，特别是在涉及到传统的时候。如果你不积极参与，你和伴侣的关系不仅会疏远，还可能会产生隔阂。

尊重伴侣的价值观至关重要。唯一持久的是那些不断成长和发展，并尊重对方个人目标和信仰的伴侣关系。求同存异，为对方喝彩。将差异转化为新奇的发现，分享信仰会变得愉快。

价值观会跨界。如果这种情况发生，大可坦然接受然后说，"你是对的，我错了。"

需要问你和你的伴侣的问题

我们是否认为(也许是私底下认为)我们中的一个人比另一个人更正确?

当信仰成为话题的中心时，我们是否尊重彼此持有不同意见的权利?

我们有没有把不同的信仰强加给对方?

当我们的信仰不同时，我们会试图找到共同点吗?

当我们的不同信仰成为一个问题时，我们会对此进行讨论吗?

我们尊重彼此吗?

我们是否尊重彼此管理家庭财务的方式?

我们是否支持由价值观激发的想法和梦想?

彼此与朋友和家人分享信仰吗?

差异：尊重

如果你的伴侣有与你完全不同的价值观，这是可以接受的。当涉及到孩子以及家庭应该如何运转时，你们意见达到一致，就会有更好的伴侣关系。如果不是这样，它会给关系增加压力和紧张，因此需要使用相互尊重的工具。允许你的伴侣有不同的观点，且不带有任何仇恨或恶意。这时，沟通是关键，有句名言说得好：求同存异。

世界瞬息万变，线下和线上的很多对话似乎都集中在健康或是政治话题。不同的价值观，特别是在公共论坛上，并不能达成一致。也许有一天，你伴侣的信仰会受到他人的攻击。如果是这样的话，你必须站起来捍卫和保护他们。

行动项
妥协
别再评头论足了。尊重伴侣的意见。

当你谈论你的观点或看法时，不要用力过猛，固执己见。你的伴侣也有权表达他们的意见和观点。如果你想和你的伴侣谈论不同的价值观，那么请你端正态度，以好奇和尊重的角度开始对话。

允许你的伴侣开诚布公地表达想法和感受。不要因为价值观的不同而评判、嘲笑或排斥你的伴侣，最重要的是，不要抱着你要改变他们想法的心态。如果你用"你怎么能认为……"来引导对话，都将不得善果。

伴侣关系可能面临的最大问题是缺乏沟通。你需要成为一个积极的倾听者，而不是争吵者。目标是增进相互谅解。积极倾听需要努力和专注，当你在没有分心和判别力的情况下给予伴侣注意力，擅长倾听，就是要在稳定情绪下做出回应，表达不同意见的能力至关重要。尊重你伴侣的观点，你的伴侣也会尊重你的观点。

伴侣积极沟通可以安然度过重大分歧的"风暴"。当你和你的伴侣意见不一致时，使用相互尊重工具来解决分歧。如果你不这样做，并且不断地宣扬你的观点，你就会给伴侣关系施加阻力。

表达感激

**如果你不在应该表达感激的时候表达感激，
伴侣就不会再继续做下去。**

我们所有人都喜欢被感激，尤其是被我们爱的人感激。感激是让伴侣满意的最重要的方面。无论大事还是小事，相互感激的伴侣最终会在他们的伴侣关系中滋养出感恩。在一段关系中，由于工作、健康或压力超负荷，伴侣无法表达感激，这是很常见的。生活变得忙碌，我们倾向于忙于我们的任务，习惯成为常态。

在伴侣关系中缺乏感激会滋生怨恨，这对伴侣关系不公平。这基本上是一条单行道。没有必要在每次伴侣处理家务活或其他任何事情时都大张旗鼓地表达感激。一句简单的谢谢就够了。当伴侣的感情从想要照顾他们的伴侣转变为期待被照顾时，这种完全缺乏感激的感觉会产生怨恨。

缺乏感激的迹象正在拖累你们的关系：如果你的伴侣从不说"谢谢"，从不征求你的建议或征求你的意见，不问你就做计划，不做他们份内的事情，特殊场合不做任何事情，不努力表现得浪漫，不忠，不问你一天的情况，不考虑你的感受，来去自如，或者不问就带朋友吃饭，或者不问就承诺参加家庭活动，这些都会影响你们的关系。

伴侣不感激对方做出的付出，并认为这是理所当然的，是有问题的。如果你忘记了感激是每天表达爱意的一种方式，那么你大可承认这个问题然后说："你是对的，我错了。"

问你和你的伴侣的问题

无论是大事还是小事，我们都要感谢对方吗？

我们知道彼此最自豪和最想被感激的是什么吗？

我们会问对方今天过得怎么样吗？

当我们互相帮助的时候，我们会期待对方感激吗？我们领会到对方的期盼了吗？

我们是不是在没有询问对方的情况下就做决定了？

我们说话的时候会不会走神？我们真的在听对方说话吗？

我们彼此说"不"的次数比说"是"的次数多吗？

我们经常互相赞美吗？

我们会征求彼此的意见吗？

我们在制定计划时会考虑对方吗？

我们是不是经常独自外出或和朋友一起外出，而把另一位伴侣留在家里？

我们都做有做应做的任务和家务活吗？

我们都会参加家庭活动吗？

我们都有努力变得浪漫吗？

我们行踪成谜吗？

我们有没有让对方知道我们的日程安排？

表达感激的工具：
我就是个离不开你的小傻瓜。

你会感激你的伴侣为你所做的一切，还是认为你的伴侣的付出是理所当然的？不确定？写下他们每天为你做的所有事情，比如家务、晚餐、早上煮咖啡、购物、洗衣、挣钱、付账、修车、健康检查预约等等。然后，再问问他们以确保你没有数漏。你的伴侣可能会做很多你甚至没有意识到的事情。

让你的伴侣把你为家人做的事情列成同样的清单。现在比较一下清单。如果他们承受了更多的家庭事务，那么你就有麻烦了。在大多数情况下，你要做的事情清单甚至无法与他们的相比。此时就是本章工具的用武之地。

说"谢谢"似乎是向你的伴侣表达感激的最简单、最明显的方式，但很少有人这样做。所以，如果你没有尽到份内的责任，那就大胆地说出"我就是个离不开你的小傻瓜"，并感谢伴侣的付出。更重要的是，激发内心的积极能量，开始做你分内的事。

行动项
做出正确抉择
每天都要表达爱和感情。从端到床边的咖啡或者亲吻开始吧。

你也可以通过留下爱心便条来表达更多的感激之情。把它们藏在你的伴侣容易找到的地方：在他们的汽车仪表盘上，在浴室的镜子上，或者在他们的枕头上。一张小小的爱心便条或一个突如其来的电话告诉你的伴侣你有多爱他们，其效果会很明显，可以照亮伴侣的一天。这就是让伴侣关系持续保持亲密的原因。

如果你的伴侣度过了艰难的一周，站出来说"家里的事就交给我吧"对伴侣而言意义重大。给他们几个小时的安静时间，让他们在浴缸里放松一下，或者安静的看一本书。由你负责购物、做饭、洗餐具和辅导孩子们的家庭作业。

你可以用礼物说谢谢：计划一场浪漫的约会之夜，送上艳丽的玫瑰，约会时记得把手机放好。给你的伴侣一个惊喜，买一些他们喜欢但没有给自己买的东西。此外，永远不要忘记他们的生日，送上卡片、鲜花或任何你可以给伴侣带来惊喜的东西。当人们找借口说这些日子不重要时，那并不是事实。在这些日子里，你有机会大胆表达你的感激之情，而且很管用。没有人会拒绝伴侣的感激。

你也可以和伴侣约定一个每月一次的"任君差遣"日：无论是哪一天，无论你的伴侣叫你干什么，你都必须说"好的"。因此，就你们双方都能达成一致的"要求"的限制订立一份合同。在双方首轮谈判后，合同可以更新。双方每个月轮流设置"任君差遣"日。假设，今天就是轮到你答应你的伴侣要求做的任何事情了。

"任君差遣"日在各种层面的意义都是积极的。在那一天，你伴侣的需求会得到满足，特别是那些通常会被埋没的需求。话虽如此，尽管这对另一方来说可能很难，但还是要往好的方面看。每隔一个月有一天，你的伴侣感觉很棒。这种练习重会新点燃了双方的关系，因为对方的需求得到了满足。

第一次尝试"任君差遣"日可能会对伴侣关系带来挑战，因为通常情况下，对这些要求的第一反应是说"不"。但想一想这一点。这是你爱和关心的伴侣，他们有一个能让他们开心的要求。你为什么要拒绝呢？我向你保证，如果你的伴侣的愿望得到满足，他们会更爱你。

"任君差遣"日对每个伴侣来说都是一个机会，让他们了解是什么让他们快乐。你也会有机会了解伴侣的需求。以一种冷静的方式满足对方的需求。在未知领域挑战解锁伴侣关系。最后，你甚至会意识到，你也从中获得乐趣。

分担责任

如果你认为伴侣就该待在厨房，也请记住那里是放刀子的地方。

伴侣关系，顾名思义，就是共同参与一项事业。伴侣并不完美，但他们应该感觉到这段关系的稳定，你的忠诚和愿意合作的态度。如果你都不满足这些条件，那么就会激起怨恨。

分担责任，四个字表面上是两个合理而直截了当的词。但是剥开这颗外皮，那么过多的争吵、离婚、不快乐和怨恨都是由此产生的。

问题源于其中一方希望另一方以更积极的方式参与到关系中来。作为一家公司的总裁，你必须经常出差，这并不重要。当然，你可以证明为家庭提供经济支持是你的工作。但是，如果这意味着你不在这段关系中，那么世界上所有的钱都不会让你的伴侣在意。他们关心的是看你是否真的处于伴侣关系中，无论是头脑、身体还是灵魂。

如果你分担责任的方式是寻求外部帮助，那么从技术上讲，你可能已经完成了这项工作。但这不是团队合作。当你没有坚持自己的立场，没有平等分担责任，这意味着你把所有的负担都放在了你的伴侣身上。这又回到了权利问题上。这在伴侣关系中造成了怨恨和不平衡。你要知道，愤怒是会积聚。

当你分担了一些责任，并认为这是公平的时候，要意识到你的伴侣可能会有完全不同的看法。如果你不问伴侣这个问题，你永远不会知道在他们看来，你的付出是否足够。

如果事实证明你在责任分担这一部分做得不够好，你可以坦率地说，"你是对的，我错了。"

需要问你和伴侣的问题

我们每个人都有持续的压力和焦虑，是因为我们没有给予对方足够的帮助吗？

我们是否分担家庭活动和家务？

我们有没有超过六个月的未完成的家务活清单？

我们有同样多的空闲时间吗？或者我们中的一个人在努力工作，而另一个人游手好闲？

我们有没有监督对方的任务完成度，是不是一个人有没完没了的做事，另一个人直接躲着没影了？

我们是不是嘴上说着要做事，结果却疯狂找借口逃避？

我们俩中有谁在家务上拖拖拉拉的吗？

当伴侣要求我们完成一项任务时，我们会暂时放下我们正在做的事情吗？

我们认为对方的期望不公平吗？

我们忘了做我们答应做的事了吗？

我们是否为各自在维持伴侣关系中付出的努力而争论不休？

分担责任的工具：乖乖去做吧

要和你的伴侣达成一致，找出你们各自需要什么，这需要付出努力。我们的目标是并肩战斗，而不是单打独斗。做一个聪明智慧的伴侣，乖乖去做吧。

这个工具的第一部分是妥协，第二部分是有序组织。这是解决手头所有任务的关键。记住，家务活不仅仅是打扫卫生。支付账单，与有线电视公司保持联系，做餐饮计划，给家人买生日礼物也是必不可少的。列出接下来几周手头的所有任务清单，甚至创建一个所有人都可以查看的日历，以显示谁是负责人。如果伴侣有事，另一个伴侣要主动帮助。这是一种合作关系，需要一个团队才能赢得"生活"这场比赛。

妥协就是想出一种公平的方式来分担责任。因为我们是成年人，家务活让每个人都觉得自己像五岁的孩子，所以我们把家务活称为"活动"。因此，将这些活动平均分配。首先，根据你擅长的领域分配活动。避免唠叨的秘诀是完成你的活动清单。如果伴侣没有尽到自己的责任，就直接告诉对方，缩短他们的娱乐时间，直到完成活动结束。

活动项
交流
主动扭转这种关系。本周主动完成的伴侣项目。

在根据谁更擅长一项任务来分配活动时，你需要小心，特别是当它是一个不平衡的清单时。如果是这样的话，互相学习新的技能。教对方如何切洋葱，怎么装洗碗机，怎么给遥控器编程。但不要因为你不喜欢他们的做法而批评他们或重做。这只会让你的伴侣泄气，而且永远不会再这样做了。

然后运用你学到的时间管理技巧进行有序组织。例如，你每玩两个小时就必须投入一小时的艰苦劳动。我们的目标是完成家务清单，完成后就可以去做其他的事情。你可以这样想，"现在更换刹车片就可以为之后开车保驾护航"，或者"我现在修好门廊地板上的那个洞，朋友们过来就可以玩得很开心"。

创建一个日历清单，写上下周的任务和对应的负责人。制定一个时间表，并设定最后期限。从待办事项列表应用程序中设置提醒，或者在冰箱上贴上每个人的清单。如果你未完成，告诉你的伴侣提醒你。公平就是公平。只有当伴侣的日程安排无法完成任务，或者你生病的时候，可以让对方帮忙完成。想出一种互相考核的方法，并且坚持执行，不要有任何怨言。

第9章：日常保持安全感关系的工具

爱希望

醒来时亲吻你的另一半

梳理和卫生

维托斯

STOP

手拉手

搭档回家时，准备一杯红酒或者晚餐等候。

带你的另一半
出去约会

咖啡给你的搭档

感到被爱

所有伟大的事情都很简单，可以用一个词来概括：希望。

伴侣关系手否会给你们的关系带来安全感，全在于你。你可以单枪匹马通过让行动引领来改变局面。让你的伴侣成为你生命中最重要的人，其地位放在家人和孩子之上，这样才能拥有这种伴侣关系。这个伴侣关系，除了伴侣之外，任何人没有发言权；倾听伴侣的需求。你要明白，每次你批评、贬低、争论、攻击或向你的伴侣抛出负面言论时，它都会侵蚀伴侣关系中的爱。第二章中的四个错误会对关系造成破坏。如果你们的关系中出现了一个或多个这样的错误，你可能很快会走上感觉爱消逝的快车道。

每次你因为不想谈论重大问题而情绪化地关门或离开的时候，伴侣关系就会产生距离。这对爱情产生负面影响。

当你经常抓狂的时候，你怎么能向你的伴侣表达爱意呢？你不能。你怎么能爱一个总是因为某些原因对你大喊大叫的伴侣呢？你不能。你不再是恩爱的伴侣，而是一个糟糕的室友。

如果你从伴侣那里感受到的爱很少或没有，我向你保证，他们也有同样的感受。在这种情况下，你和你的伴侣失去了彼此的尊重。愤怒，怨恨，在你们的伴侣关系中交织在一起……双方都在怀疑，为什么自己会处于这种悲惨的伴侣关系中。

爱的缺失可能会对伴侣关系不利。如果这种情况已经发生，而你想扭转局面，那就承认这个问题并积极做出改变，对伴侣说，"你是对的，我错了。"

需要问你和伴侣的问题

我们有没有因为我们中的一个人或双方情绪不佳而感受不到对方的爱？

我们是否通过做一些让彼此的日子变得更轻松的事情来表达我们的爱？

我们有没有怀疑过我们彼此间的爱？如果有，我们该如何处理这些疑虑呢？

我们会用一些小方式来表达对彼此的爱和感激吗？比如给对方倒咖啡，或者帮他们洗个澡来放松心情？

我们会停下手中的事务来倾听伴侣的心事吗？

如果我们意识到我们应该相互支持，我们会取消我们自己的计划吗？

我们是否会时不时地拥抱和亲吻，让对方知道我们有多爱对方？

我们是否有规律的性关系和亲密关系，是否有私密的空间呢？

当我们生对方的气时，我们会不会深呼吸，提醒我们相爱事实，并确认这是否触及底线问题？

我们是否以完整的自我来接受对方的爱？

感受被爱的工具：希望

你的伴侣与你建立了忠实的伙伴关系，希望和你白头偕老。现在对方还是这样的想法吗？你是否也想和对方白头到老，还是想提前离开这段伴侣关系？

是时候回到最基本的问题上了，让你的伴侣成为你的首要任务。希望这个工具可以帮助你。把你的伴侣放在首位是把爱带回来的关键。你可以通过让你的伴侣再次感受到你的爱意来扭转你们的关系。

事情就是这么简单，但这需要牺牲和清扫爱情的阻碍。和伴侣同在一个爱的频道，放下过去，记住这段关系不仅仅是关于你的。

和你的伴侣坐下来好好谈谈过往的问题。告诉他们你想让他们再次尊重你、信任你和爱你，你准备好让这一切变得更好。

行动项
问问题
是什么让你的伴侣抓狂？使用"三天法则"。
要明白他们没有胡编乱造；这就是他们看待事物的方式。到了第四天坦诚的说出来。

"三天法则"的工作原理是这样的：对方会编制一个关于你的问题清单。你应该至少有一两页的问题。现在试着找到有创意的方法，看看你是否能做出改变。你需要三天的时间来处理这些问题而且不以加评判。你的第一回应多半会是"没门！"你自然会有防御性，这是人之常情。一旦你冷静下来，再看一遍清单。你应该看看什么是合理的。在更复杂的问题上，和你的伴侣谈谈，看看是否有折中办法。这就是向你的伴侣表明他们是你的优先考虑项。

你需要保持忠诚。这意味着即使你经历了起伏，也要保持乐观。粉碎那些消极的想法，记住你的行动会比你的言辞更响亮。你要坚如磐石，伴侣可以依赖你，这就是你让希望成为现实的方式。所以，是时候把你的伴侣放在首位了，这并不复杂。这只需要承诺。

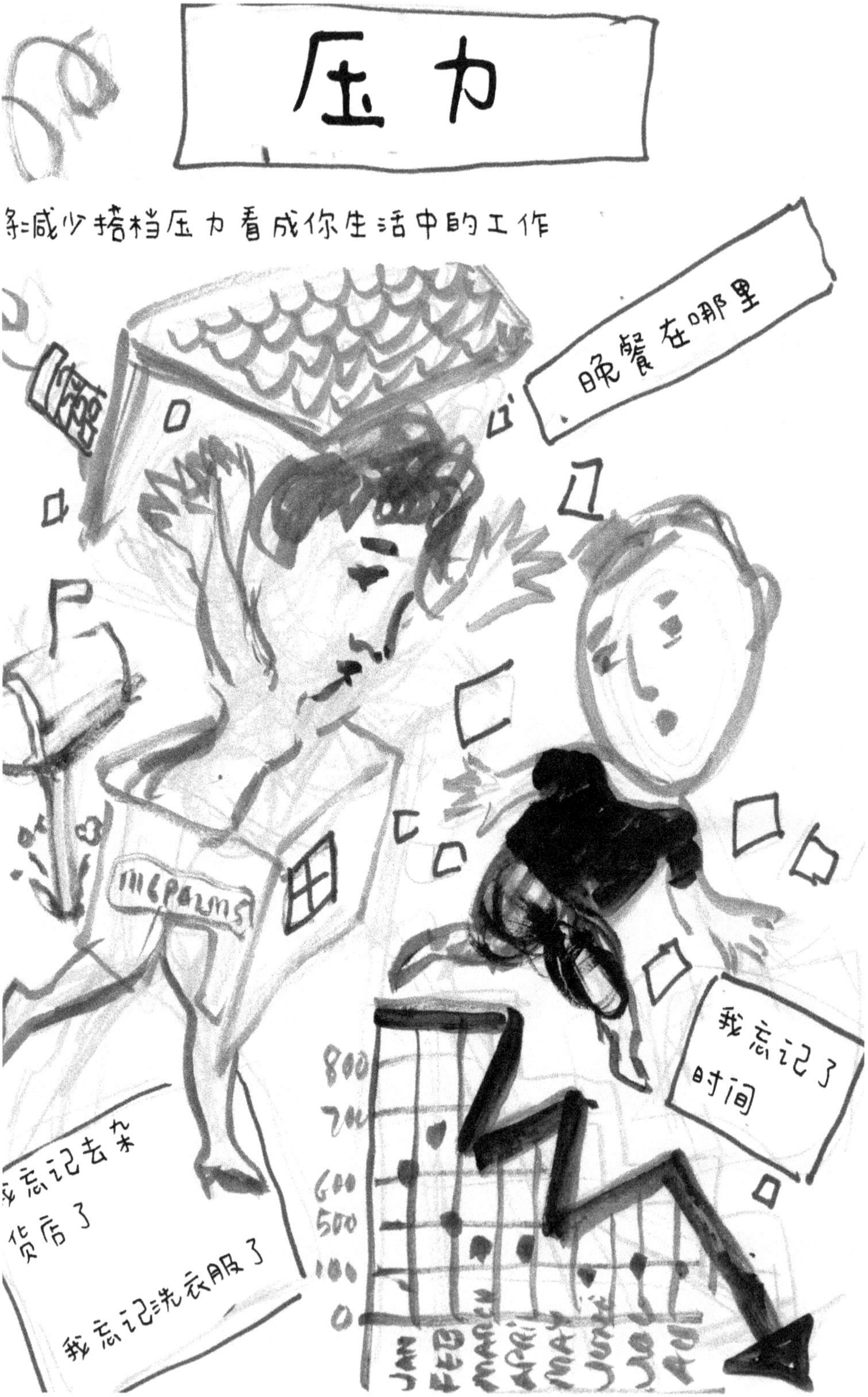

压力

和减少搭档压力看成你生活中的工作

晚餐在哪里

我忘记了时间

我忘记去杂货店了

我忘记洗衣服了

压力

有些事是可以自己做，但真正爱对方的伴侣不会让他们独自面对

压力存在于每个人的日常生活中。那么，你如何为你的伴侣带来积极的改变来应对压力，更重要的是，如何减少压力？有压力的事件会改变你的伴侣对自己和世界的看法。它可以改变他们对生活、工作、人际关系、安全感和未来的感受。如果你与伴侣断联，你永远也不会知道他们的压力。

如果你依赖你的伴侣来处理所有的家庭活动，你在不知觉间给他们的生活增加了压力。更糟糕的是，你的伴侣可能觉得在生活中最小的事情上都不能指望你，甚至已经不再问你了。对于你的伴侣来说，自己去做可能会更容易，也不会那么令人沮丧。

大多数时候，你会发现自己已经超负荷了，那么额外的财务、家庭、健康和工作问题如何排进你已经满载的日程安排呢？答案显眼是排不进去了。尤其是当一方往往承担大部分负担的时候。压力还会导致情感上的疏远，从而导致亲密关系的破裂和浪漫爱情的消逝。

当伴侣关系稳固，双方都能应对压力时，从损失、创伤、悲剧和其他问题中恢复过来的能力被称为心理弹性。只有在伴侣关系薄弱的时候，这些问题才会成为问题。

如果你的伴侣总是如坐针毡，那么你就没有做好你的工作。如果这种情况已经发生，而你想扭转局面，那就承认它，然后说，"你是对的，我错了。"

需要问你和伴侣的问题

我们是增加对方的压力，还是减轻对方的压力？

当涉及到处理家庭活动时，我们会增加彼此的压力吗？

我们该怎么做才能让对方休息一下，放松一下呢？

我们中的一个或两个控制欲过强，增加了对方的压力吗？

我们两个中的任何一个或两个都在为童年问题而苦苦挣扎，还是都患有创伤后应激障碍？

我们的外部家庭成员会增加我们的压力吗？如果我们看到这种情况发生，我们会试着为对方减轻压力吗？

我们是否对我们的关系状况感到有压力？

我们中的任何一个人感到压力是因为我们认为对方不再像以前那样对这段关系上心了吗？是其中一个人放弃了？还是都放弃了？

我们中的一个人或双方都有健康问题，这给伴侣关系增加了压力吗？

我们总是坐立不安，因为我们似乎一对话就是吵架？

压力工具：这是你的工作

帮助超负荷伴侣的秘诀是什么？把减轻对方的负担作为你的工作，这样他们就不会感到压力，这意味着你要不惜一切代价减少对方的压力，你的工作就是确保你的伴侣永远不会有压力，并且能掌控生活。

减轻伴侣的压力这就是你的工作。坐下来好好想想我问你的问题和原因。然后，了解让你的伴侣摆脱压力需要做些什么。以我的亲身经历来看，这样做有巨大的好处。是时候开始行动了，这是你的工作。

当你在你的伴侣身上看到压力的迹象时，用一种善良和富有同情心的方式找出是怎么回事。可以简单地问一句："你今天过得不好吗？我能帮忙吗？"。或者"我能做些什么变得更好？"当你真正了解你的伴侣时，你就会准确地知道他们哪些方面需要帮助，并直接去做。当涉及到一项工作时，不惜一切代价，毫无怨言的做完它吧。

行动项
妥协

是时候为你的伴侣腾出时间了。一周之内，取消看其他预约，只有你们两个人。就一周。

如果你说财务是个问题，你来处理这笔钱。和你的伴侣坐在一起，解决问题。制定一个策略来减少你的债务。这可能意味着做出艰难的决定，要求你出售必需品来降低赤字，或者减少持续的支出（比如外出就餐或每天喝咖啡）。记住，目标是减轻压力。

亲密在所有的伴侣关系中都是至关重要的，当失去亲密感时，它会增加伴侣关系的压力。你是不是变得忙碌，与外界脱节，以至于忘记了上一次你和你的伴侣在一起享受真正的乐趣是什么时候？如果是这样的话，你的工作就是一起玩得开心。一起去看电影、散步、野餐、游戏、旅行、手牵手、拥抱和大笑，这些都是让生活快乐的良药。

在你的日程表中为你的伴侣腾出时间。你与伴侣的关系凌驾于所有其他优先事项和日程安排之上。庆祝你们彼此拥有的东西，清晰而尊重地交流，因为误解是紧张的根源。

在没有伴侣的情况下做出重大决定总是会增加压力。这意味着你的决定要得到伴侣的同意并与意见一致。永远让你的伴侣了解内情，总是带着爱和善意进行交流。

要做好工作意味着说真话，对伴侣诚实，即使这会伤害你。这会给你们的关系带来更少的压力，因为它会给伴侣关系带来信任，从而减少秘密和压力。

164

脾气

如果你多次惹恼伴侣，伴侣关系可能会破裂。

坏脾气可能对伴侣关系有害。这可能会给双方带来各种问题。如果你脾气不好，经常发脾气、大喊大叫、扔东西、威胁或骂你的伴侣，这对伴侣关系极为不利。你脾气暴躁，可能会让这样的伴侣相处模式成为生活的常态。

脾气暴躁对你周围的任何人都不利。脾气可能会成为一种坏习惯，如果不能有技巧地管控脾气，它会让你的伴侣和家人不敢畅所欲言。如果你就是那个人，那么我向你保证，你的家人一定会如履薄冰。他们可能也会觉得他们不能不同意你的观点，或者分享你可能不认同的意见。

脾气通常都是消极的情绪。虽然它代表某种情绪或精神状态(不一定是坏的)，但当有人说"你发脾气了"时，通常意味着你无法控制自己的情绪。要么你倾向于吵架和生气，即使微乎其微也代表你对周围的人没有足够的耐心。

其实，不需要靠发脾气来表达自己的观点。发脾气是人类最糟糕的程序设计。如果发生这种情况，坦诚面对然后说，"你是对的，我错了。"

需要问你和伴侣的问题

我们两个有控制欲问题吗？我们中是不是有人不知道适可而止？

我们在争吵时会用言语伤害对方吗？

我们是不是在争吵中互相激怒对方，直到对方失去理智？

我们向彼此道歉吗？

我们中有谁有情绪表达障碍吗？

我们是相互尊重的建设性地辩论，还是在互相推搡呢？

我们会向对方解释我们都已经知道的事情，只是为了激怒对方吗？

我们在争吵时也尊重对方表达观点的权利吗？

即使我们意见不一致，我们也会表现出彼此的耐心、理解和共情吗？

我们认为大声说话会让对方更容易听懂我们的话吗？

脾气工具：检查你的"话匣子"

每个人都会有情绪激动的时候，但经常对你的伴侣咄咄逼人，会对你们的关系产生负面影响。当愤怒转化为脾气时，我称之为话匣子综合症。这是当你的潜意识接管你的言语，你会自说自话不顾及对方感受，最后你就只能自作自受。

当你为一些小问题发脾气，并且已经养成坏习惯，是时候检查一下你的"话匣子"了。

行动项
交流
和你的伴侣谈谈。我是说真正的谈话，把问题摆明了聊聊，实现双赢。

"话匣子"是什么？举一个最简单的例子。就是当你的潜意识极端愤怒，以至于你不得不爆发的时候。你有没有遇到过别人超车，对方开开心心的开走了，而你这一天都气鼓鼓的。
检查你的"话匣子"，将其放入你可控制的范围内。我有几种已经经过实验并且成功的方法。首先，一边深呼吸，一边在心中默数到10，想点别的东西来分散自己对这些负面情绪的注意力。"话匣子"想要挑起你的"争吵"意识。你需要控制住自己的潜意识。

如果你感到焦虑或愤怒，而你的"话匣子"却停不下来，那就把自己从这种情况中解脱出来。给自己几分钟时间锻炼一下，散散步，或者冥想。只要是你能释放负能量的事情都可以尝试一下。然后在你冷静下来之后，和你的伴侣谈谈。在不失控的情况下直言不讳地说出困扰你的事情，并保持理智。

然后，也只有到那时，你才能平心静气的与你的伴侣谈论你们的余生。只有当你能控制你的潜意识时，你才能和你的伴侣说理。你可以把复杂的话题当作伴侣关系来处理，然后毫无遗憾地决定行动方案。

如果你上瘾了，而且你正处于激烈的争吵中，要明白做出合理的决定几乎是不可能的，包括控制你的"话匣子"。这是一个糟糕的情况，对伴侣来说也是不公平的。在这些情况下造成的损害可能是不可逆转的。你稍后需要和伴侣进行一次真诚的谈话。写下或记录下你的想法，这样你就可以在清醒的时候重新审视它们。到那时自然就会有解决办法。

记住，为你的每一个不同之处而争论不休是既不明智也不实际的。你可能会赢得这场争论，但最终会削弱伴侣关系。找到其他的方式发泄自己的负面情绪，以更好的、理性的和伴侣进行讨论。

不要把注意力集中在试图改变你的伴侣上。你不能。但是，你可以影响你的伴侣，让其换到你的角度来思考问题，或许更有益处。你可以创造一个有利于合作的积极环境来影响你的伴侣，而不是控制你的伴侣。

有时你需要了解是什么在困扰着你。困扰你的甚至可能不是你们争执的问题。如果你发现你一直在为一些小问题发脾气，那么是时候关闭你的"话匣子"了，因为它已经造成了足够的破坏。有时候，放手就可以解决问题。

体重管理

你的伴侣改变不了你。
但你可以自主改变，因为你爱你的伴侣。

对很多人来说，保持身材和喜欢自己的身材是很难的。也许你超重或体重过轻。你迷恋的可能是你的脸或身体的其他部位。人们眼睁睁看着自己的体型发生着变化，无论你走到哪里，都会看到年轻、漂亮、苗条的人狼吞虎咽地吃着冰淇淋和甜甜圈，而你却在为仅仅吃一块米饼就长胖而苦苦挣扎。生活就是不公平。

你的伴侣是否困恼于体重问题，是不是你的一句玩笑话就可能让他们伤心，你对他们超重或体重过轻的样子感到不满？这样你是不会让伴侣变得更健康的。

如果你的伴侣意识到自己超重，他或她可能不想让你在他们脱衣服或开灯的时候看他们。身体形象是任何人心理构成中不可或缺的一部分。当你的伴侣的自尊受损时，他们很难接受赞美，甚至在你身边也感到不自在。

体重问题是个人问题，每个人都有不同的处理方式。有太多的人对自己的外表不满意，以至于变得偏执和身心不健康。

有关体重的对话很容易"越界"。如果发生这种情况，你可以坦然的接受然后对伴侣说，"你是对的，我错了。"

需要问你和伴侣的问题

我们接受对方身体的样子吗?

我们是否认为彼此目前的体重是一个需要解决的问题?

当我们看到对方体重增加或减轻时,我们会注意到并对此发表评论吗?我们会喜欢对方评论我们的身材吗?

我们会选择对我们两个都健康的食物吗?

我们中的任何一个人在另一个人试图减肥的时候会把垃圾食品带回家吗?

我们是否都知道对方是鼓励和支持我们身体形象的?

我们互相帮助,让对方能更容易接受自我的外形吗?

我们试着控制对方的饮食吗?

我们会要求对方寻求体重管理帮助吗?

我们有没有暗示过对方应该多锻炼?

我们是不是口无遮拦的谈论对方在减肥或增重方面的困难?

管理体重的工具，这只是一个数字

体重对许多人来说是个问题，这是现实。问题是，你会让你的伴侣为之疯狂吗？如果是这样的话，采用这种方法：它只是一个数字。这个数字可能会上升，也会下降。如果你的体重困扰你，那就管住嘴，迈开腿。但是如果你伴侣的体重困扰着你，那么你就得让他们用自己的方式来处理。

只有当伴侣需要你的支持的时候，你才能给予支持，问问他们什么样的支持才能帮助而不是伤害他们。否则，你没有发言权，也不应该以这样或那样的方式发表任何评论。这是对他人的"侵犯"，而且也越界了。这绝对不会给伴侣关系带来任何好处。

如果你伴侣的体重困扰着你，你能做的最糟糕的事情就是给他们施加压力，让他们减肥或增重。这只会给你的伴侣和你们的伴侣关系增加压力。它通常会适得其反。你的伴侣会反抗或闭嘴。当你的伴侣自己决定要变得更健康时，他们才是下决定心的那个人。你所能做的就是积极的支持。体重只是一个数字，我们应该以这样的心态来看待。这意味着在你温柔的支持下，伴侣可以按照他们的自己的条件和时间表来做这件事。

行动项
做出正确抉择
如果你的伴侣需要你的鼓励，那么就和他们一起努力。一起锻炼身体，一起吃健康的食物。一起做出改变。这就是伴侣关系。

健康生活方式的秘诀在于掌握你的意志力。当你掌控局面时，意志力是做出正确决定的关键。当它不能掌控局面时，它可能是你最大的敌人。例如，你把吃得健康作为目标，但却被工作和家庭问题折腾。你的意志力处于最低点，你可能就会疯狂进食冰淇淋。如果有人想阻止你，我只能说祝你好运。要明白意志力会起伏不定，不可能在一天中的每一个时刻都能最大限度地发挥意志力。只要意识到这一点就行了。

如果你的伴侣想要变得健康，并向你寻求帮助，那就跟他们一起努力。如果这意味着吃你不喜欢的食物，那就去做吧。如果你的伴侣想散步，而你喜欢跑步，那就散步吧。如果你陪伴他们度过每一个艰难的阶段，他们会更容易坚持下去。

如果你的伴侣正在积极地努力吃得更健康，锻炼身体，但没有看到效果，那么对他说"你看起来棒极了"或"我为你感到骄傲"这样的正面评价会产生意想不到的结果。任何负面的评论都会让他们会失去动力。

当你的伴侣在努力时，不要把垃圾食品带进家里。如果你知道你的伴侣对甜甜圈上瘾，带一打回家简直就太不应该了。如果你的伴侣正在努力尝试更健康的食谱或食物，但并不奏效，也请为他们的努力感到高兴。如果你的伴侣需要你帮忙洗碗或照看孩子，然后能抽空去健身，那就帮忙吧。

保持健康是一项终生工程，永远也不会停歇。日子有起有伏，时不时的暴饮暴食，然后再次减肥。没关系，因为这只是一个数字，它可以向上或向下。在你考虑批评你的伴侣之前，好好照照镜子，先看清自己。

事实是，当你的伴侣觉得他们看起来不错时，这也会让他们自我感觉良好。这是一个双赢的局面。如果你能发现对方的内在美，并让他们时时刻刻感觉到自身美，那么体重真的就只是一个数字而已。爱你的伴侣是因为对方就是你爱的那个人，而不在于对方的体重。当你的伴侣开着灯在你面前脱衣服的时候，你就会知道你成功了。这就是我们的目标。

第10章：伴侣关系中的日常信任工具

不走戒界
三思而后行

在你和哪个一直盯着你
看的女孩调情之前，
先想想你要走的路。

保持一定的界限感

是信任的缺失造成了不愉快的伴侣关系，而不是的缺失。

把爱和正直放在伴侣的第一位，这样你就可以百分之百地信任对方？你什么时候受够了谎言，准备坦诚相待，即使你不喜欢对方的回答？到底要到何种压力，你才会开始信守诺言？你何时才有足够的内疚感才能诚实面对自己，不再因为一段糟糕的关系而责怪你的伴侣？你何时能更好的拥有你们伴侣关系的未来，更重要的是，让它变得更好？

边界对于健康的伴侣关系至关重要。边界确定了你的舒适范围，以及你希望伴侣如何对待你。边界在一段健康关系的几乎每一个方面都扮演着重要的角色。尊重伴侣的界限，帮助伴侣尊重你的边界，你就会拥有幸福的生活。跨越边界，你只会让生活变得更难。设定边界和维持边界是一项技能。可不幸的是，很多人都没有学会。

跨越边界会影响伴侣的信任。这种跨越边界有很多种形式，比如不尊重一个人的空间、家人、朋友、隐私、财务、信仰、健康状况等。许多伴侣从未公开讨论或承认彼此的边界问题。但是如果你不知道你的伴侣的边界，你就真的不了解你的伴侣。

如果你试图改变你的伴侣或利用外人来解决你的问题，那么你就越界了。如果你使用过威胁或恐吓，那更是越界了。如果你占了便宜或做了坏事，也是越界了。

当你移动了伴侣的东西，因为你不喜欢它原本放置的位置，或者你未经询问就翻看了伴侣的电话、邮件和电子邮件，你就越界了。如果你在伴侣不想拍照的时候给他们照相，或者未经他们的许可在社交媒体上发布评论或图片，你就越界了。当你没有问他们的要求就把他们的盘子里的东西吃完，或者在沙发上占了他们惯常的位置，那么你就越界了。

越界是不尊重的表现。如果这真的发生了，请坦然接受自己的问题然后说，"你是对的，我错了。"

需要问你和伴侣的问题

我们是不是因为彼此都认为自己更了解情况而指手画脚？

我们有没有因为在家里做事情的方式而感到不受尊重？是我的方式还是你的方式？

是我们中的一个人还是两个人觉得应该由自己控制孩子的养育方式？

我们中的一个人或两个人会打断对方，以纠正对方正在表达的观点或者方式吗？

我们当中有没有人直言对方的朋友对自己不好？

我们中有谁觉得对方过多调情吗？

我们是否觉得对方与朋友或在社交媒体上分享的私人信息过多？

保持界限的工具：三思而后行

建立边界对于健康的伴侣关系至关重要。问题是，你认为你们的伴侣关系健康吗？你的伴侣在知道他们的界限会得到尊重的情况下与你分享一切是否觉得心里没有负担？还是你发现伴侣因为你有过度分享和违反伴侣界限的历史而对你有所隐瞒？如果是这样的话，请三思而后行。

不管你们在一起多久了，试着保持一种新鲜的心态，就像刚刚开始了解你的伴侣一样。就像你们刚认识的时候，两个人互相不知道对方的边界。这意味着你必须进行积极交流。你不能假设你已经知道了对方的边界。摸索对方的边界可以展示相互间的爱和希望，以及你对伴侣关系的重视程度。

从记录你的边界开始，比如在经济、智力、身体、情感或性等方面。你的伴侣做什么会让你感到被冒犯了？让伴侣列出他们自己的清单，然后给你看。你之前是否有意识到这些边界呢？你知道跨过你伴侣的底线需要付出什么代价吗？在这里，我们的目标是了解你们的接受程度，以及什么是不能接受的，这是实现伴侣关系同频的第一步。

行动项
作出正确抉择
三思而后行。出现问题后，仅是看着对方并不能解决问题，因为你确实伤害了伴侣。

现在回想一下你侵犯到伴侣边界的时候，以及对方受到的负面影响。但是你道歉了吗？你有尊重对方吗？如果你造成了伤害，你能道歉并和平解决这个问题吗？

"三思而后行"的第二部分是让你的伴侣知道你已经准备好成为一个更好的伴侣，你会更好地尊重他们的界限。要做到这一点，一种方法是当你在交流感情或是讲道理时，要用"我们"而不是"我"来表达，并且永远不要以"你总是……"或者"你从来没有……"开头，永远不要下最后通牒，你不是在和敌人谈判，对面坐着的可是你最爱的伴侣呀。

家庭围绕在伴侣关系的边缘。设定家庭的范围。这取决于每个伴侣为每个大家庭成员制定规则，保护你的伴侣在家庭中的地位。如果你对家庭和界限感到内疚，那就重置家庭关系的边界吧。

这些规则对朋友来说也是一样的。与朋友建立交往的界限，并尊重彼此的空间。如果你已经切断了伴侣与朋友见面的机会，那就是时候做出改变了。

当谈到目标和梦想时，没有人可以告诉伴侣他们不能追求梦想，除非这影响到了你，可能是超出家庭开支的时候。那么此时需要共同设定伴侣支出的可承担界限。如果他们的梦想不影响你，那么就让他们去追求自己的梦想吧。如果你认为对方的梦想是"白日梦"，那么你就已经越界了，是时候进行自我调整了。

如果你和伴侣从未设定过性别边界，也许是时候讨论这个话题了，并且要达成一致的意见。规则就在于要保证安全和可靠，如果对方愿意的话，你应该应该持开放态度，并且在界限问题上达成一致。这可以是一次健康的谈话，确保双方都很开心。

我之前提到过这一点，但我还想重申一遍：不管是何种调情都要设定一定的边界，如果你能在你的伴侣面前这样做，那就没问题。不管你脑子里已经在找什么借口，你都知道你已经越过了界限。

要建立幸福、健康和充实的伴侣关系，最重要的部分之一就是成为尊重对方边界的大师。你要去成为这样的大师。

生活方式

态度调整

你们是两个
不同的人，
诀窍是你和你
的搭档需要保持同步。

生活方式

生活处在不断建设当中。

大多数伴侣关系都会经历一段感觉墨守成规的阶段。伴侣甚至可能达到彼此相爱的地步，但他们不再感觉到"相爱"了。随着时间的推移，随着人们的改变、成长和相互适应，这种情况可能会发生。当你的伴侣意见不一致或对另一半的观点不感兴趣时，这就成了问题。

对于伴侣来说，对于住在哪里、如何平衡工作或花钱、旅行频率或饮食习惯、是否要生孩子以及生几个孩子，有不同的愿望、信仰或想法是很常见的。我们的目标是一起驾驭这个世界。当你和另一半不在同一个频道时，其中一人很可能会觉得自己被忽视了，甚至被背叛了。伴侣会感觉到身份、愿景和梦想的丧失，随之而来的是破损的伴侣关系。

陪伴、融洽、真爱、分享经历以及深入了解伴侣，这些都是人们在伴侣关系中看重的东西。当这些关键因素中的一个或多个改变或缺失时，也就是问题开始的时候，不一定是生活方式的改变。

也许你沉迷电视剧，而你的伴侣仍然喜欢娱乐和旅行。你想停下来，而伴侣想四处走走。你不必喜欢或同意你的伴侣想要做的每件事，只要能就这些差异达到共识，求同存异，不恶化为负面行为，或是表现得高人一等或不尊重对方。

不要让生活方式的不同造成伴侣间的不平等。如果你这样做了，请坦然承认错误，然后给伴侣说，"你是对的，我错了。"

需要问你和伴侣的问题

我们个人对最佳生活方式的看法改变了吗？在什么是美好生活的问题上，我们仍然意见一致吗？

我们喜欢待在一起吗？

我们中的有人会避免和对方在一起吗？我们是不是出现了情感断联？

我们中的一个人或两个人是否希望另一半还是从前的模样吗？

比起现在的我们，我们更喜欢过去在一起的我们吗？

我们中有谁认为对方已经放弃了伴侣关系，不在乎我们的关系到底如何？

我们中有谁认为因为我们志趣不同，而与对方分隔太久？

我们在一起仍然开心吗？还是只有在追求自己的兴趣时才能找到乐趣？

我们认为我们做出了正确的选择来让彼此快乐吗？

我们期望对方接受我们不断变化的生活方式吗？

我们想分享彼此不断变化的生活方式吗？

即使我们每个人都想以不同的方式体验生活，我们仍知道我们的共同点吗？

即使对生活方式的期望有所改变，但我们是否真的喜欢并爱着彼此呢？

生活方式：改变

最牢固的关系是双方都能做回自己并相互尊重的关系。古人云：异性相吸，既然如此那么就是两种不同的人，有两种不同的看待生活的方式。你可以是内向的，你的伴侣可以是外向的。你是个爱聚会的人，而你的伴侣是个书呆子。你喜欢旅行，而你的伴侣是个居家的人。那么，这在伴侣关系中是如何运作的呢？如果你的策略是改变或控制你的伴侣成为他们不是的人，那就三思而后行。

此事要调整你的态度，不要试图改变你的伴侣。接受他们的本真，并对他们的观点感兴趣。不要评判他们的生活方式，让他们感到羞愧。如果你讨厌伴侣的穿着或者他们吃的东西，或者他们在公共场合总是和每个人说话，那么在你说话之前给自己一段冷静的时间。更好的是，什么也别说。放手吧。这是对方的生活。对方在你身边做自己，让对方在没有你的负面评论下做出自己的决定。

态度调整的另一个重点在于专注建立对伴侣差异的钦佩。在差异中找出一些值得称赞的地方。为你的伴侣做一些事情，让他们知道你接受了这种差异，即使你不想在自己的行动中采用这种不同。例如，如果你的伴侣喜欢点薯条，而你认为油炸食品不健康，那就给他们点薯条吧。你不需要吃任何东西！请只发表正面的评论！

行动项
妥协
冷静评估你是如何解决伴侣问题的。
下次发生争执时，停下来，妥协，然后放下。

态度调整会控制你的情绪，说："我不比你强"，"我不想控制你"，"我不想改变你。"这意味着，"我爱你现在的样子。"如果恼人行为发生次数太多了，那么通过冷静地交流收集所有信息，来做出更好的改变。

我的伴侣有一句口头禅："你先做你的选择，然后我再做我的选择。"我做出了我的选择，但我也会根据我伴侣的选择重新评估我的选择。现实是，如果我的伴侣对我的所作所为感到不舒服，他们可以这样。作为一个优秀的伴侣，我的工作就是尊重对方的决定。所以，我重新评估我的选择，问自己这对我来说是否那么重要。在大多数情况下，答案是否定的，所以顺利达成和谐的伴侣关系。

质疑：只是想一想，别说出来

188

停止质疑

**如果我这辈子做了什么对的事，
那就是选择了你。**

你会质疑伴侣每天的决定和选择吗？这些暗示表明，缺乏信任和控制问题可能会使伴侣伙伴处于守势。你是否质疑你的伴侣如何处理某些情况？你会表达不同的观点，但还是会看着你的伴侣按照自己的方式去做吗？

永远不要低估在质疑伴侣的决定时能有多大程度的信任。对你的伴侣和你们的关系有信心，会让你们关系中在其他方面有所发展。没有它，你会对伴侣失去信心，在需要的时候不能提供情感支持，这是很自然的。

当你和你的伴侣做出可靠的决定时，避免彼此排斥是至关重要的。除了你喜欢的结果，还有什么选择？你的伴侣希望达到什么结果？所有这些都应该在你开始质疑你的伴侣之前解决。

不说出自己的感受或不参与决策可能会让你的伴侣对你做出决定或做出重大决定产生怨恨。
质疑都是因为缺乏妥协。如果发生这种情况，你可以拥有它，然后说，"你是对的，我错了。"

需要问你和伴侣的问题

我们经常质疑对方么？

当我们互相质疑的时候，这对我们的关系有帮助吗？

我们互相质疑是不是因为我们在做出决定之前没有充分讨论？

当我们问一些无关的事情时，会不会觉得我们在干涉对方的事情？

我们认为我们每个人都有权对对方的工作或爱好发表意见吗？

我们认为我们每个人都有权对彼此的家庭发表意见吗？

当我们表示质疑的时候，对方会直接屏蔽这种质疑吗？

当伴侣中有一人质疑决定时，我们中的一个人或双方都会感到受伤吗？

我们有人对质疑的反应过激吗？

停止质疑的工具：可以想，但别说

当你非常了解一个人，包括缺点(我们都有缺点)时，质疑就变成了第二天性。质疑发生的频率比我们相信的要多很多。这就像掌握了你伴侣的内幕消息，有时这可能是不公平的。你说的任何话或做的任何事都将在你自己的"法庭"上作为对你不利的证据。

可以想，但别说，就意味着你并没有下决定，这样我们总是可以纠正和改变的。当你的伴侣没有做出你认为对健康伴侣关系最有利的决定时，不要介意。停止质疑你的伴侣，努力使双方处在同一个频道。

采取谦让的策略，不要批判伴侣的决定，你也可以这样做。实现这一目标的唯一途径是通过沟通和妥协。让你的伴侣按他们的方式去做，即使你不同意。你先想一想，先别说出来，这对伴侣关系的积极作用会让你感到惊讶。如果没有达到最好的效果，也没关系，为未来的情况提出建议，然后继续前进。

行动项
交流
让你的伴侣做出下一个重大决定。
让他们做决定，你不质疑也不评判。

如果你知道为什么伴侣会做出这样的决定，生活就会变得更容易。你只需要问一声就行了。不加评判的表述是与伴侣达成一致的关键。现实生活中，伴侣关系应该是相互理解和支持的，而不是大吵大闹，也不会诉诸任何类似于你怎么敢质疑我行为的事情。这些误解源于沟通不畅。当你对你认为你知道的和你的伴侣在想什么匆忙下结论时，你最终会陷入痛苦。你不会读心术，问对方问题吧!

重要的是要记住，变化是循序渐进的。和对方交谈并就共同处理决策达成一致之后，达成"谦让合约"。允许对方把房间搞得一团糟，不要再认为你的伴侣一直在做错误的决定。这里面没有什么力量。相反，只要提醒你的伴侣，他们需要按照约定的方式处理。

在这一章你需要认识到的是你可能是错的。想想看，你对伴侣的猜测可能来自于不信任自己。我一直认为我的伴侣的某个决定有误，我的方法是唯一正确的方法，但当我开始问这些问题时，伴侣的想法是我以前从未考虑过的方式。我不知道该怎么处理，但我决定退一步，听从他们的建议。我现在养成了尊重伴侣决定的习惯。我要做的就是放手，让他们处理。

人的本性是认为你拥有所有的答案——你的方法是唯一的方法。但有时你的伴侣可以有更好的办法。假设你就这么让他们保持这种想法。不要把自己的意愿强加在对方身上，只要赞同他们的意见就行了。如果他们错了，不要评判他们，也不要当面揭他们伤疤，就好像你以前从未犯过错误一样。养成三思而后行的习惯。

问问你自己，如果让我重来一遍，我会有什么不同之处？和对方承认自己的错误又何尝不是放过自己呢。

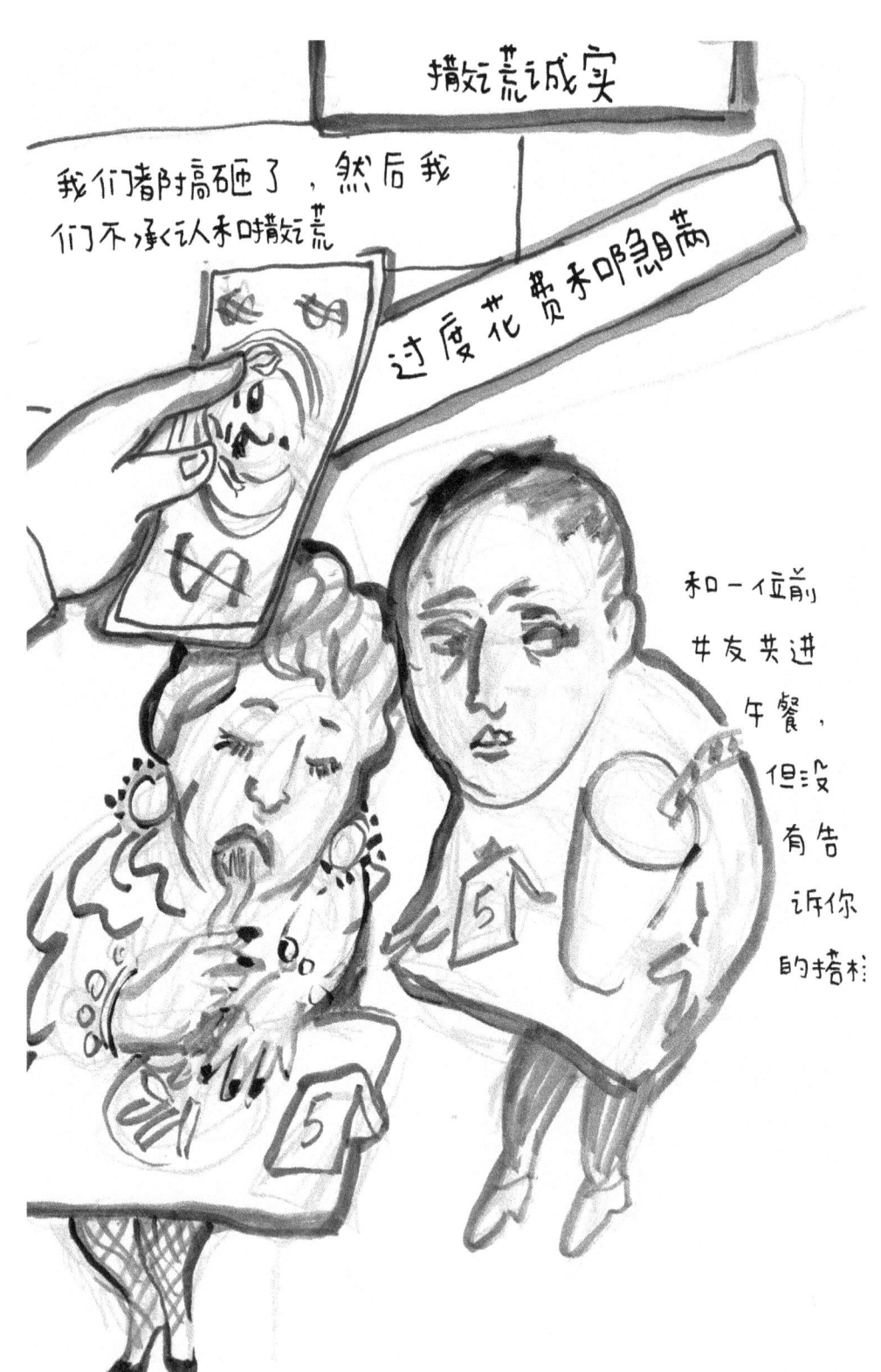

194

谎言

成为损坏伴侣唇膏的人，而不是损坏他们睫毛膏的人

谎言有时候会很危险。很难想象一个小小的谎言怎么会变得如此失控，但谎言确实有这样的破坏力。这个小谎言的问题在于，它可能会让你的伴侣开始思考他们还漏掉了哪些谎言。

撒谎的一个经常被忽视的后果是破坏伴侣的信任。这并不是说他们过去没有被骗过，而是被你骗了。你是他们生命中唯一可以依靠的人。他们现在感到被背叛和愤怒。对方会回首过去看看他们还错过了什么谎言，这只是人性。在这个猜疑重重的迷雾中，他们感到自过往的愚蠢，甚至感到羞辱。

要知道，你们的伴侣关系现在处处都在背叛的"雷区"。谎言和信任不能共存。撒谎最终会粉碎信任。

当你的伴侣第一次揭穿你的谎言时，他们肯定会质疑你说的或做的每一件事，直到信任重新建立起来。你什么时候回家？你去哪了？你和谁在一起？你干什么了？你甚至可能在你不在的时候发现你的伴侣在看你的短信或电子邮件。你需要明白，你已经失去了隐私，因为你撒谎了。你只能怪你自己。

你撒谎越多，你的伴侣就越会保护自己。他们在心墙上再加一块砖，直到你再也无法触碰到他们的内心。

谎言会在伴侣之间筑起一堵墙。如果发生这种情况，坦诚面对，然后对伴侣说，"你是对的，我错了。"

需要问你和伴侣的问题

我们是否曾经为了避免分歧或冲突而相互撒谎？

我们是否曾为了不伤害彼此的感情而撒谎？是在什么时候？

我们中的一个人或两个人撒谎是因为我们认为我们把对方的最大利益放在心上吗？

我们有没有为了保护对方而撒谎？是在什么时候？

我们中有人会因为我们做过的事而感到羞耻而撒谎吗？

我们当中有没有人因为不想解释自己的行为或为自己的行为辩护而撒谎？

我们撒谎是因为这比说实话更容易吗？

我们中的一个人或两个人曾经为了保持主动权而撒谎吗？

我们有没有为了不让对方失望而撒谎？

我们善意的谎言会如滚雪球般越来越严重吗？

我们会猜忌对方是否在撒谎，但事实是本人并撒谎？

我们中有人即使想说实话，但还是会撒谎吗？

警惕撒谎工具：诚实

无伤大雅的善意谎言，是人性所然。我们从小就会撒谎，就是为了得到我们想要的东西，而且从不会受到拒绝。

当你妈妈说你做完作业才可以出去玩时，你回答说："我的作业做完了！"事实并非如此。后来我们长大了，把剩下的钱存起来下注比赛，但你告诉你的伴侣你没有下注。"我戒烟了——这是我最后一支烟了！"你说到做到，但一天的紧张工作后，意志力和承诺就此崩溃。那么你应该诚实的坦白。

诚实作为一种技能说明了两件事：做你说要做的事，不要承诺你做不到的事情。诚实不是将自己所有的想法都表达出来。你可以对自己的信仰保密，但不能对影响你们伴侣关系的行为保密。

行动项
问问题
你就不能承认吗？下一次你不想处理这些废话时，只要诚实地面对谎言，保持诚实的态度。

你知道你什么时候越界了吗？是当你证明你的谎言是正当的，并且发现自己为了保密而走向极端的时候。你自己都会意识到这样做是错的。

当你工作经常迟到的时候，你猜会发生什么？他们会解雇你，因为他们不能指望你。当你被分手时，情况也是一样，因为你告诉你的伴侣你会在特定的时间到场，但你迟到了。为什么？因为他们不能信任或依赖你。伴侣也可能已经和你说过，他们已经不能再信任你了，那是因为什么呢？

交际手段不是谎言。通过交际手段回答私人问题来让伴侣幸福是可以的。比方说，你的伴侣在走上讲台参加演讲活动之前会问你他们看起来怎么样。不管怎样，你会说，"你看起来棒极了！"因为说其他话可能会破坏你伴侣的表现。你可以稍后告诉他们如何调整自己的着装，但谎言对他们的幸福感很重要。所以，要谨慎地控制诚实的界限。他们知道你什么时候在保护他们，你把他们的最大利益放在心上。用友善的方式来表现自己的诚实。

当你撒谎时，你的压力水平会直线上升。当你撒谎的时候，你就不那么喜欢你自己了。不诚实会阻碍你做自己。

终极解决方案：你是对的，我错了

当你发现自己在努力挽回你的伴侣时，你的终极绝招：你是对的，我错了。其目的是让伴侣知道你知道这段关系出了问题，但你愿意试着变得更好。现实情况是，需要两个人才能维持一段关系，你的伴侣也要明白这一点。但是，和平的解决方式是最稳妥的，说"你是对的，我错了"就是一个很好的开头。

如果你犯了错误，敢于承担责任，承认错误而不推卸责任。不要试图掩饰你的错误，也不要假装它们从未发生过。虽然过去无法改变，但未来的错误是可以避免的。这是一个从错误中吸取教训的问题。承认问题，然后说："你是对的，我错了。"

错误本身不会损害你们的伴侣关系。当不承认自己的错误，或者为自己的错误辩护时，它们就会成为一个问题。这些行为造成了敌意和信任的缺失。如果你准备好重建伴侣关系，和对方说"你是对的，我错了"，然后开始治愈这段你珍惜的关系。

行动项
你是对的，我错了
回想那些让关系陷入困境的糟糕决定。是时候承认了，看着你的伴侣说："说你是对的，我错了，因为我没有站你一边。但现在我要改变。"

掌握这项技能，并明白你有能力改变一段失败的关系。你可以选择生活在幸福的伴侣关系中。你真的想和一个气鼓鼓又沉默的伴侣住在一起吗？你想愤怒地度过每一天，假装忙碌，视对方为无物吗？我们都知道这样的情况很糟糕。

所以勇敢地说："你是对的，我错了"，并为自己没有和对方站在一边而道歉。然后审视你过往行为，去实现那些承诺。运用这本书中的技巧和洞察力，重新建立你们的关系。首先是可以找回了你的生活，以及你生命中的挚爱。最后当然是用爱战胜一切。

福利

永远不要跟伴侣说：

"你疯了吗？"
"你就穿这个？"
"冷静！"
"别生气。我只是在开玩笑！"
"别误会，但是……"
"算了吧！"
"我需要私人空间！"
"你搞快点！"
"我恨你！"
"我不关心。"
"我早就和你说过……"
"不喜欢那就走吧"
"我等会儿在做。"
"我受够了。"
"不关你的事！"
"这都是你的错！"
"你看起来很疲惫。"
"你需要节食。"
"你从来不让我做我想做的事。"
"你像我妈一样。"
"你应该寻求帮助了。"
"你不懂。"
"你真烦人。"
"你问题真多。"
"你真是可笑。"
"你都没在听我说话。"
"你错了。"
"你放松点嘛。"
"你闭嘴！"
"你别再哭了！"
"别再烦我了！"
"别说了！"
"那不是我的事。"
"你这一整天都在干什么了？"
"又怎么了？"
"你为什么要抓狂呢？"

你应该经常跟伴侣说的话:

"我爱你。"
"我想你。"
"我需要你。"
"很抱歉。"
"我相信你。"
"我喜欢跟你在一起。"
"我喜欢你的贴心照顾。"
"我喜欢吻你。"
"我喜欢我们一起走过的人生旅途。"
"我喜欢我们一起创造的生活。"
"我喜欢你举止得体的样子。"
"你真是太美了。"
"我会再做一遍的。"
"我来洗碗吧。"
"我很爱你。"
"我和你在一起很开心。"
"我很高兴你出现在我的生活中。"
"我太爱你了。"
"我为你骄傲。"
"我明白了。"
"我懂你。"
"你就是我的一切。"
"你让我成为了更好的自己。"
"我来做吧。"
"你看起来棒极了!"
"你让生活变得轻松。"
"你让我想成为一个更好的人。"
"你真是太有才啦。"
"你真棒!"
"你就是我的灵魂伴侣。"
"你可太美了。"
"你是最棒的!"
"我一生中最美好的事情就是遇见你。"
"你是对的。"
"你觉得怎么样?"

还要获得更多帮助么？

获取在线工作簿中的16个附加工具

平衡

家庭：伴侣第一
健康：拥有
小孩：天哪
发泄：10分钟

平等

避免冲突：公平公正
不尊重：为什么
发言：倾听
自私：我们

安全感

财务：需要合作
嫉妒：就是个错误
操纵：停止
支持：断言

信任

诚实：保持真实
亲密：激情
关系动力：充分自主
技巧：坦率

了解有关"包袱"问题的更多信息，并获取在线工作簿中的16个工具：

包袱是我们每个人都要背负的复杂问题。它们是那些不容易解决的事情，但不能被忽视。卸下的包袱越多，伴侣关系就越健康。网上有16种工具可以帮助你消除威胁你们关系稳固的包袱。

平衡

沉溺：意志力
沮丧：这是事实
创伤：我懂你
需要和需求：放在心上

平等

互相依赖：不良习惯

承诺：身份

计分：团队工作
憎恨：宽恕

安全感

陋习：躯壳
宽恕：不要惹他们发火
隐性财务：财务不忠
自尊：期望

信任

遗弃：羔皮手套
欺骗：让人受伤
双重生活：什么鬼
情感断连：重新连接

你是对的，我错了

扫描下方二维码进入在线平台

http://你是对的我是错的.cn
www.artandliving.com

登录在线平台，你将可以访问以下内容：

带有附加工具的工作簿
课程、提示和示例
励志夫妻建议
你是对的，我错了

这一切都是关于做出与你的伴侣一致的日常选择系的桥梁

关于作者
希望总是存在

贡萨洛

www.ingramcontent.com/pod-product-compliance
Lightning Source LLC
Chambersburg PA
CBHW041625140626
46547CB00030B/999